知って開運!

神社仏閣めぐりのコツ

桜井識子×マンガ森下えみこ

扶桑社

プロローグ

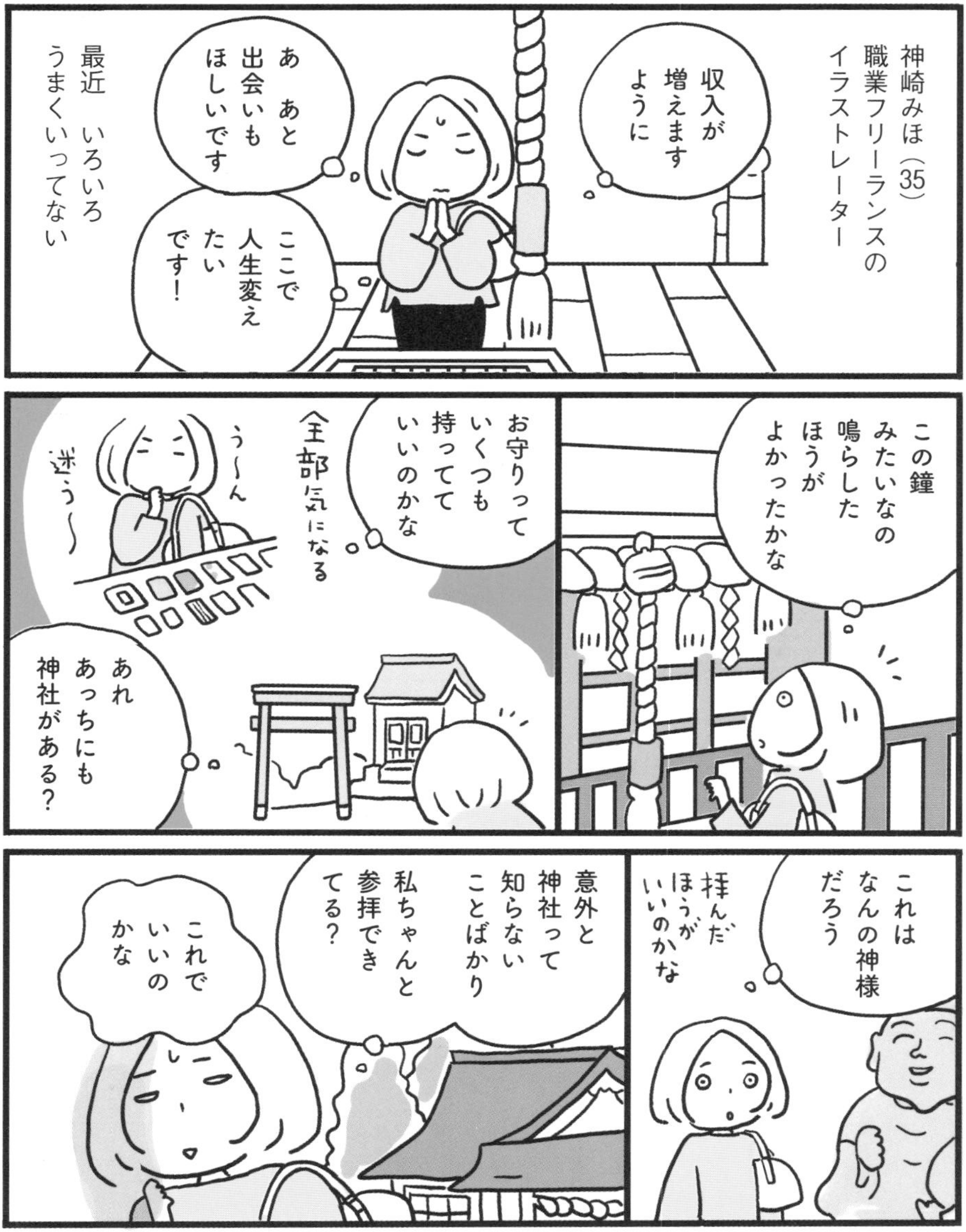
神崎みほ（35）
職業フリーランスのイラストレーター
収入が増えますように
あ あと出会いもほしいです
ここで人生変えたいです！
最近 いろいろうまくいってない
この鐘みたいなの鳴らしたほうがよかったかな
お守りっていくつも持ってていいのかな
全部気になる
う〜ん
迷う〜
あれ あっちにも神社がある？
これはなんの神様だろう
拝んだほうがいいのかな
意外と神社って知らないことばかり
私ちゃんと参拝できてる？
これでいいのかな

せっかく神社に来てるのに不安になるのはもったいないな
うんうん
そ そうですよね
狛犬様…？
そんなに難しく考えることはない
ザザ
神様にも喜ばれる参拝方法を知っておくとよいぞ
神様に喜ばれるそんな参拝の方法が…
なんか運気もすごい上がりそう！
教えてください〜！

もくじ

プロローグ　02
登場する仲間たち　06

第一章
神社で開運！のコツ

神社に行く前に　08
神社の参拝の仕方　12
祝詞って？　16
唱えてみよう　祝詞　18
境内でひかえること　20
コラム　ゆったりとした気持ちで参拝を　25
おみくじってどう見るの？　26
お守りとおふだの話　32
コラム　人間を不運から守ってくれる神仏　39
行きつけの神社を持つ　40
神社で祈祷してもらうとよいことが!?　42
歓迎のサイン　48
お願いごとのコツ　56
コラム　歓迎のサインは素直に喜ぶ　63

眷属ってなに？ 64
境内社について知っておく 68
気になるご神木 72
霊山に登ると楽しいことがある 76
新しいお財布は神社でおろす 82
縁起物で運気をアップ 86
コラム 縁起物で運を呼び込む 88

第二章 お寺で開運！のコツ

お寺の参拝の仕方 90
どんな仏様がいるの？ 96
表情いろいろ 100
コラム 仏様を信仰するコツ 101
人間だった仏様 102
護摩祈祷ってなに？ 106
コラム 真言や般若心経を身につける 111
写経にチャレンジ 112
真言について知る 118
般若心経について知る 120
唱えてみよう 般若心経 122
エピローグ 124
あとがき 126

登場する仲間たち
神崎みほ（35）
フリーランスのイラストレーターになって5年目
最近ついてない
お寺の案内をしてくれる
カラス天狗
神社の案内をしてくれる
狛犬

第一章

神社で開運！のコツ

神社に行く前に

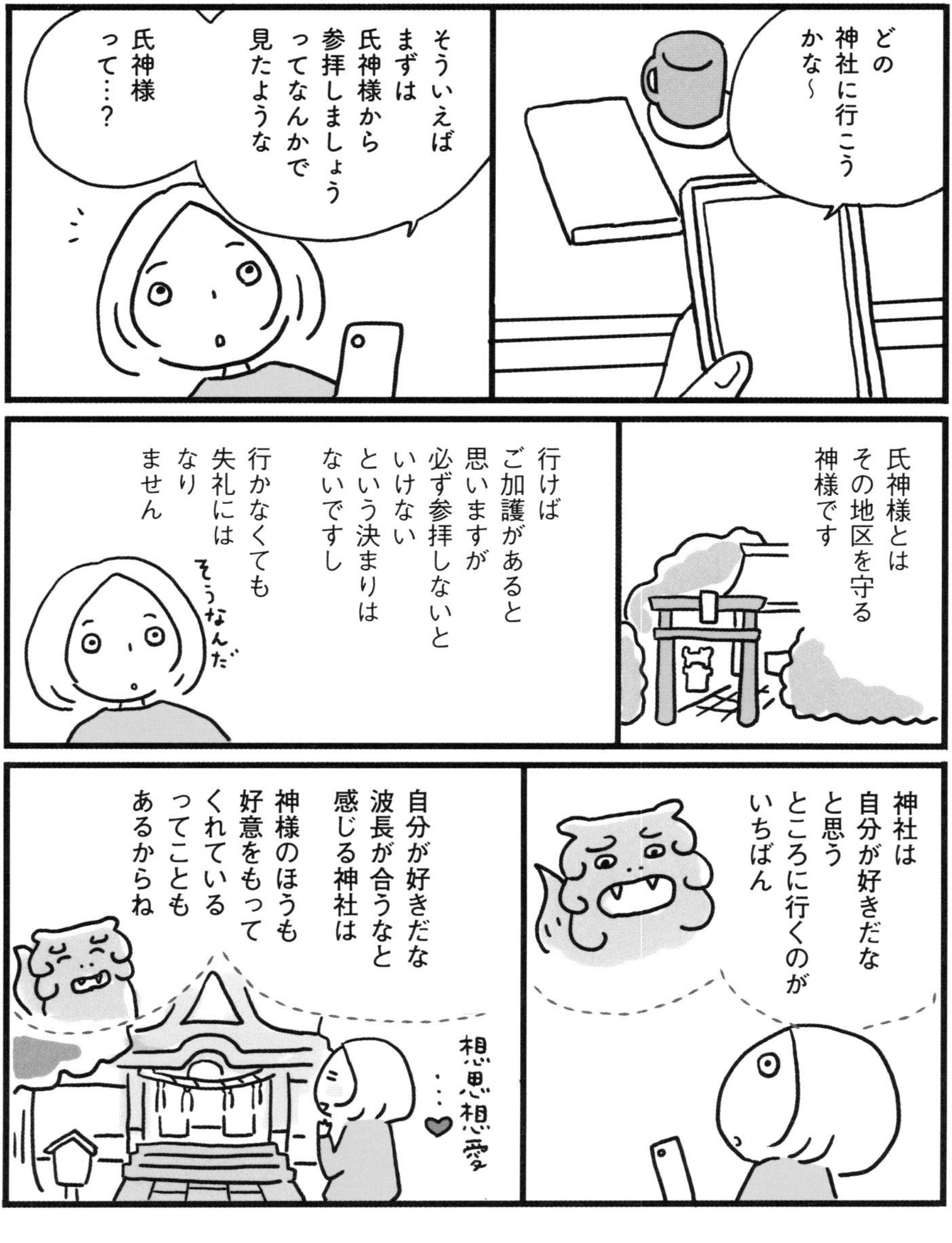
どの神社に行こうかな～
そういえば まずは 氏神様から 参拝しましょう ってなんかで 見たような
氏神様って…？
氏神様とは その地区を守る 神様です
行けば ご加護があると 思いますが 必ず参拝しないと いけない という決まりは ないですし 行かなくても 失礼には なり ません
そうなんだ
神社は 自分が好きだな と思う ところに行くのが いちばん
自分が好きだな 波長が合うなと 感じる神社は 神様のほうも 好意をもって くれている ってことも あるからね
想思想愛…

いつ行くのがいいとかはあるのかな
大安とか？
参拝に適した日というのはとくにないのですが
毎月1日と15日は神様の日
神様を特別に敬う日なので
神棚に塩や榊をお供えする
今日は1日（15日）なので来ました
と言うと神様の日を知っていて来たんだなということで喜んでもらえます
参拝する時間も日中であれば問題ありません
夜のうちは神様は出てこないところが多い
朝4時
朝日が上がってから
OK
15時まで
街中にある神社なら16時くらいまで
山の中にある神社は15時からよくない「気」に変化するところもあるので気をつけて

よし　じゃあ明日の午前中に行こう
神様に会いに行くんだし正装のほうがいいかな
ちゃんとした格好で？
参拝の服装は普段着でOK
階段があるからスニーカーがいいかな
ただし色には気をつけて身に着ける場合は
下だけ
どちらかだけに
上だけ
上下とも黒を身に着けて黒装束の参拝は失礼になります
真っ黒はNG
ちょっとおめかしして
神様に見てもらうためにおめかしして来ました
っていうのもありです
そういうことで神様って喜んでくれるんだ
なんか意外かも

別の神社や
お寺で授与された
お守りや
アクセサリーを
着けて参拝する
のも大丈夫です
ただし
直前に参拝した
神社で
ご加護や
恩恵を
たっぷり
受けた場合
自分自身が
その神社の
波動になって
いることが
あります
そのような
状態で
違う神社の
境内に入ると
なんとなく
違和感を
感じること
があります
波動の違いで
なじめないから
?
次の神社に
なじむためには
手水で
清めると
その波動を
リセット
できます
恩恵はそのまま
とはいっても
あれこれ
細かいことは
考えず
神様に
喜んでもらう
ことに
意識を向けて
いつもの
自分で
参拝するのが
よいぞ

神社の参拝の仕方

立派な鳥居～
まずは鳥居の前で1礼してからくぐりましょう…
ペこ
次に手水舎で手を清めます
ハー 緑が気持ちいい…
口もすすぐんだ

気になるようならしなくても大丈夫
左右の手を清めれば体全体を清めたことになるので
無理に口に入れなくてもかまいません
そして本殿へ
お賽銭いくらにしようかな
ここは奮発したほうが…
でも今お金ないし…
でもあんまり少なくても
う～ん
お賽銭の金額で願掛けが叶うかどうか決まることはないから大丈夫
惜しむ気持ちを神様に差し出すのはよくないので
もったいないと思うような金額はやめて
気持ちよく入れられる金額で
もったいなかったな～
くよくよ
スッ

金銭的余裕がなく
お賽銭を
入れられない
ときは
事情を
話して
おきましょう
失業してしまってお金がないので
仕事が決まったら
神様は怒ったりしないから大丈夫だよ
お賽銭を
入れるときは
そっと
すべらすように
この鈴って鳴らしたほうがいいですか？
この鈴は
鳴らしても
鳴らさなくても
どちらでも大丈夫
鳴らす場合は
上品に
ちょっと音が
出る程度で
とりあえず鳴らしとこ
カラン
カラン
そして
祈願をします

一般的な参拝方法
神社によって違う場合も
2礼
2拍手
パン
パン
願掛け
1礼
それとはじめて訪れた神社のときは願掛けの前に自己紹介を忘れないように
そっかいきなりお願いごとは失礼ですよね
名前と住所と？
願いごとをしてもどこのだれかわからないと神様も探さないといけなくなるからな
どこにいるのだ〜
イメージ図
どんな願掛けでも神様がすぐ様子を見に行けるように住所や名前は伝えたほうが丁寧だぞ
へー

祝詞って？

礼儀正しい挨拶をしたい人は2拍手のあと祝詞《のりと》を唱えるとより丁寧になります
祝詞？
神様に奉納する神楽は笛や鈴太鼓などを使って演奏します
その『声』バージョンが祝詞です
祝詞を唱えることで神様との距離が近くなります
たしかに聞いていると厳かな空気になりますよね

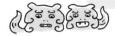

神様が
心地よく
思うのは
その音調
です
心の中で
唱えても
力を発揮
しません
かしこみ
かしこみ
もうす
かしこみ
かしこみ
もうす
なので
祝詞は
必ず声に
出して唱えます
声
周りに
だれも
いなければ
普通に
声に出して
奏上し
人が
多ければ
小さな声で
ボソボソと
つぶやく
感じでも
大丈夫
です
ボソ
ボソ
でも
覚えられる
かな
暗記しなくても
紙に書いて
読んでも
効果は同じです
えーと
メモ
長く唱える
時間がない
場合は
祓え給え
清め給え
これを
3回唱えると
軽い祝詞の
代わりになります
これなら
言えるかも

唱えてみよう

祝詞《のりと》

ふりがな付きなので、まずは見ながら唱えてみましょう

身禊大祓《みそぎのおおはらい》

高天原《たかまのはら》に神留座《かむづまります》す

神魯伎神魯美《かむろぎかむろみ》の詔《みこともち》以て

皇御祖神伊邪那岐大神《すめみおやかむいざなぎのおおかみ》

筑紫《つくし》の日向《ひむが》の橘《たちばな》の

小戸《をど》の阿波岐原《あわぎはら》に
御禊祓へ《みそぎはらえ》給ひ《たまい》し時《とき》に生座《あれませ》る
祓戸《はらいと》の大神等《おおかみたち》
諸《もろもろ》の枉事罪穢《まがごとつみけがれ》を
拂ひ《はらい》賜へ《たまえ》清《きよ》め賜へ《たまえ》と申《もう》す事《こと》の由《よし》を
天津神國津神《あまつかみくにつかみ》
八百萬《やをよろづ》の神等《かみたち》共《とも》に聞食《きこしめ》せと
恐《かしこ》み恐《かしこ》み申《もう》す

※祝詞はネットなどで調べると、サイトによって細かい部分に違いがあります。
ここには桜井識子さんが唱えているものを載せています。

境内でひかえること

この狛犬
かわいい
カシャ
と
神社で写真って撮っていいのかな？
もしかして神様に失礼？
許可とかもらったほうがよい？
写真を撮ることはまったく問題ないです
許可もとらなくて大丈夫
よかった
ただ撮影禁止の場所での撮影は
眷属《けんぞく》に叱られます
でもそれはルール違反をしたということに対して
＊眷属についてはＰ64参照
境内撮影禁止
神様はちゃんと見てるんですね
ルールとマナーを守って参拝を
ほかにも気をつけたほうがいいことってありますか？

狛犬の写真を撮るのはもちろんOK
ただし狛犬がかわいくても頭をなでるのは
自分と同等もしくは自分より下に見ているという感情が無意識に入っている行為なのでやめておきましょう
…
かわいい〜
あ本物のわんこが
犬を連れての参拝はケモノを連れて神域に入ることになるので注意が必要
（盲導犬は例外）
神社によっては眷属が叱ったりするのでかわいそうですよね
どんぐりあった

そもそもの
基本として
神社の境内に
あるものを
勝手に
持ち帰っては
いけません
記念に〜
神域に
あるものは
たとえ雑草や
小石とはいえ
もらって
帰るのはNG
あら
キレイ
ただし
ゴミなどは
拾ってOK
神様からも
眷属からも
お礼を
言われます
もー
例外として
子どもが
無邪気に
落ちている
葉っぱや
どんぐりを
拾って
持ち帰るのは
許して
もらえます
こっちにもある
落ち葉や
なんかも
ダメなんだ
すべて
神社に
もともと
あるもの
そういえば
この前
参拝のとき
落ち葉が
バッグに
入っていた
けど…
あれ？
いつの間に
返したほうが
いいのかな

それは神様からのプレゼントだな
この人はよい波動を家でも浴びたほうがいいと判断して神域にあるものに波動を込め与えてくれているんだ
髪に花びらが
おや
ズボンの裾から小さな石が
これは神様がさりげなく助けてくれる方法のひとつ
厄祓いだったり
その人に必要な波動が入っている
うまくいくサポートの波動だったり
そういえばあのときは落ち込んでいたから
なにもかもうまくいかない…
ハァ…
神様はそんなはからいを…
ありがとうございます
その葉っぱや小石はしばらく家に飾っておくといいぞ
はい

あの人って ホント ムカつくよね
それだよね
ぺちゃくちゃ
・・・
ぺちゃ くちゃ
神域で人の悪口はダメですよね…
神域じゃなくてもイヤかも
その通りじゃ
あの人が苦手で いつもユウウツ…
ぐち ぐち
でも私もさっき仕事のグチを言っちゃったかも
ひとりで参拝しているときの悩みやグチは大丈夫
へへへ
でも いつも神様はどこかで見ているって思いながら参拝していれば大丈夫ですね

SHIKIKO'S COLUMN

ゆったりとした気持ちで参拝を

真面目な性格の方はすべてのことを、ちゃんと！ キッチリしなくては神様に失礼かも！と思ってしまうため、緊張して神仏にうまく話ができないという悩みをかかえているようです。相手は神仏ですから、そこまで気づかわなくても大丈夫です。どの神仏も優しく包み込むような、人間を微笑ましく思う気持ちで見ていますから、もしも手順を間違えたとしてもなんの問題もありません。「間違えてしまいました～」と笑顔で言えば、神仏はウフフと笑っています。

一緒に参拝している夫や妻、恋人、親兄弟、友人が神様を信じていない場合、そのことを神仏に申し訳なく思う方がおられるようですが、これも気にしなくても大丈夫です。信仰は、神仏と人間の1対1の関係です。たとえば夫（妻）と神仏の「1対1の関係」のところに、「神様、すみません。この人の信仰心が薄くて」と割り込んでいくのは出すぎたおせっかいなのです。余計な心配はしないようにします。神社仏閣はリラックスして、ゆったりとした気持ちで参拝するのがいちばんです。極度に緊張したり、人のことまで考えたりするのは、自分で壁を作っているようなものです。神仏が与えてくれる恩恵やご加護をマックスで受け取ることができません。「神仏は優しいから、少々のことは大丈夫」と自分に言い聞かせて、細かいことにはこだわらず、少し甘えるような気持ちで参拝をするのがおすすめです。

おみくじってどう見るの？

あ
おみくじ
引こうっと
おみくじ
くじ
わく
わく
凶
ガーン
不吉…
これから
なにか
よくない
ことが
凶なんて
めったに
引いたり
しないのに
おみくじは
神仏からの
アドバイスで
あったり
そのときの
自分の様子を
知る手がかり
です
おみくじの
吉凶は
単純に引いた
ときの運気を
表している
場合が多いです
これは
神様の
アドバイス
というより
運の位置を
示しています
大吉
絶好調
吉
中吉
小吉
末吉
凶
不調

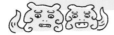

大吉は 歓迎のサイン でもあり ますが
喜ぶ姿を 見て 神様も 喜ぶ
あら～ やったわ
ウフフッ
はげましや 勇気づけの 意味で 与えられる こともあります
大吉だ！
ハア…
つらい 悩みごと でも
神様が 手出しでき ないときは
がんばれよ
負けるなよ
という 応援 はげまし の意味で 大吉を引かせる ことも あります
おお～ やった
わあ
いいこと あるかも
がんばろう！
大吉引くと がんばろうって なります もんね
まあ 私は凶 だけど…
フフ
凶を引いた からといって 嫌われている わけでは ないぞ
待人 来ず 恋愛 耐えるとき 縁談 急ぐな
全然 いいこと 書いてない

凶は「運気が下がっているから気をつけなさい」と教えてくれています
運気が低迷していると
ちょっとしたことで失敗したりアクシデントが起こったりします
データが消えた
ひー
なにもないとこでコケる
ズザー
ガシャ
そこで教えてやらねばと神様が凶で教えてくれるのです
しくしく
ズキズキ
神様…心配してくれてるんですね
凶を引いたときは
凶
この運勢はいりません引き取ってください
とおみくじを結ぶところに結びます

こうすることで神様がよくない運気を引き取ってくれます
引き上げよ〜う
イメージ
えっ
神様ってそんなことまでしてくれるの
じゃあこれで運気が変わると思えばここで凶を引いてよかったのかも
へへへ
再度引いてみて引き取ってもらったあとの運勢を見てみるのもいいでしょう
おみくじ
おみくじ
再度引いても凶だった場合
かなり運気が下がっていますしばらく気を引き締めて生活しましょう
え〜
ドッキドキ
小吉！
小吉

末吉　小吉などは凶よりはいいということで低迷期から脱出していることを示しています
脱した…？
フーウ…
弱気や落ち込みはせっかくの運を逃すことに
小吉
私のこと言われている
神様ちゃんと見てくださってる!!
キョロ
キョロ
おみくじはいろいろな項目が書かれていますがそのなかのワンフレーズのみがアドバイスであることがほとんどです
自己を戒めよ勝つ
愛を捧げよ倖せあり
騒がず時を待ちなさい
書かれている言葉をよく見て感覚で受け取ることが大切です
パッと目にとびこんでくる言葉とか

そうやって おみくじを 見るように なると
ここだなって 心に響く ところが 不思議と わかってきます
迷いを捨て 自分を信じること
おみくじって 今まで なんとなく 引いていたけど こんなにも 神様からの はげましや メッセージが 込められている とは
おみくじを 読み解くのも 回数を重ねると 上達して いきます
おみくじを 引くときに 質問すると
神様 どうでしょうか
ガシャ ガシャ
答えを くれる ことも
う
できる ところを 短気の ため
やぶれる ことあり
これから おみくじ 引くの 楽しみだな〜
ちなみに 大吉は 神様からの 応援や はげましなど うれしいものが 詰まって いるので 持ち帰るのが おすすめです
大吉
落ち込んだ ときに 見返して 気持ちを 盛り上げよ

お守りとおふだの話

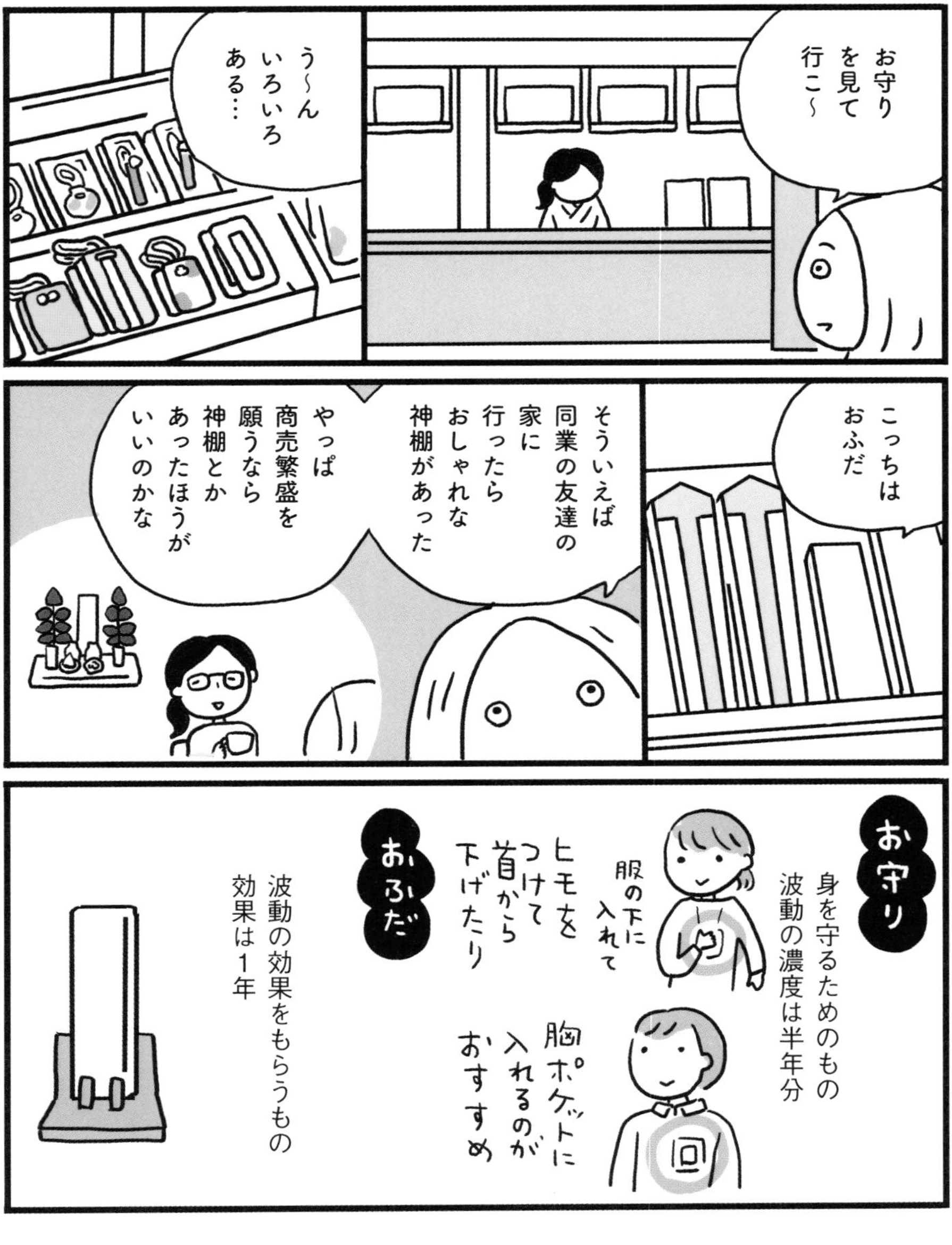
お守りを見て行こ～
う～ん いろいろ ある…
こっちは おふだ
そういえば同業の友達の家に行ったらおしゃれな神棚があった
やっぱ商売繁盛を願うなら神棚とかあったほうがいいのかな
お守り
身を守るためのもの 波動の濃度は半年分
服の下に入れて
ヒモをつけて首から下げたり
胸ポケットに入れるのがおすすめ
おふだ
波動の効果をもらうもの 効果は1年

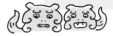

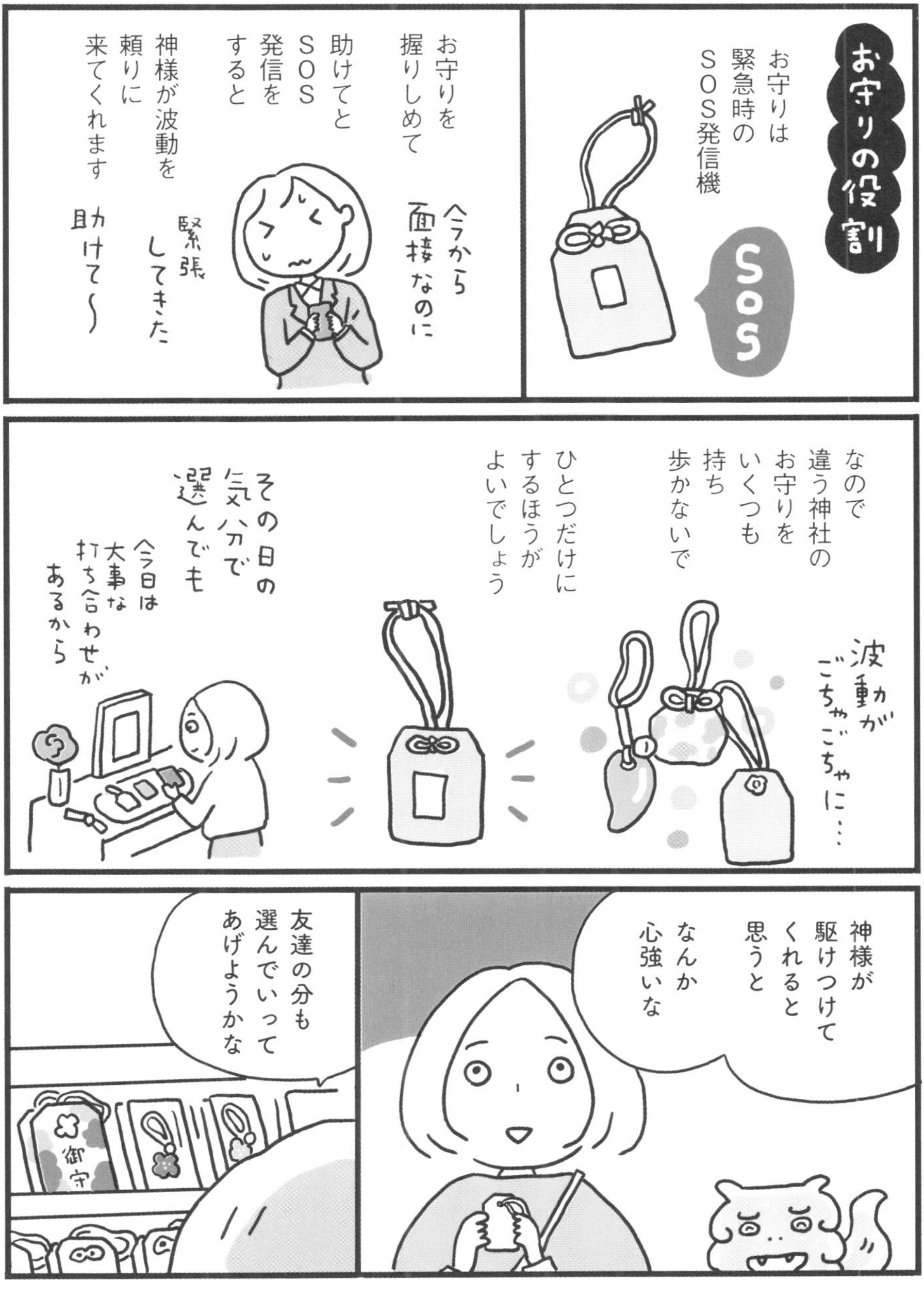
お守りの役割
お守りは緊急時のSOS発信機
SOS
お守りを握りしめて助けてとSOS発信をすると
神様が波動を頼りに来てくれます
今から面接なのに
緊張してきた
助けて〜
なので違う神社のお守りをいくつも持ち歩かないで
ひとつだけにするほうがよいでしょう
波動がごちゃごちゃに…
その日の気分で選んでも
今日は大事な打ち合わせがあるから
神様が駆けつけてくれると思うと
なんか心強いな
友達の分も選んでいってあげようかな
御守

でも人からもらったお守りって効果あるのかな
代わりに選んできてもらったりお土産やプレゼントでもらったものでも効果に変わりはありません
通販も問題なし
そういえばもらったものも含めて古いお守りがあるけど…
ちゃんと古いお守りを処分してから新しいのを選ばないとよくないかも…？
大丈夫半年経って波動が抜けたからといって悪いものになるわけではないから
ホッ
絵柄が気に入っているものや好きな神社の参拝記念になるものなどとっておいても大丈夫です

おふだの種類
大きさや形が違っても波動の強さが違うことはありません
同じ神社で授与されるならどれを選んでも大丈夫
天照皇大神宮
〇〇神社
包む紙の赤、フチが縁起よい
＼願いを叶えてほしい／
木のおふだ
神様が願掛けをサポートする波動を入れやすい
神様にお願いするときに
木のおふだにするのでサポートする波動を入れてください
とひと言言うとよい
＼家に神様の波動がほしい／
紙のおふだ
神様の波動が濃縮されて入っているもの
眷属に定期的に見回りに来てほしい場合紙のおふだがよい
波動的に居心地がよいらしい

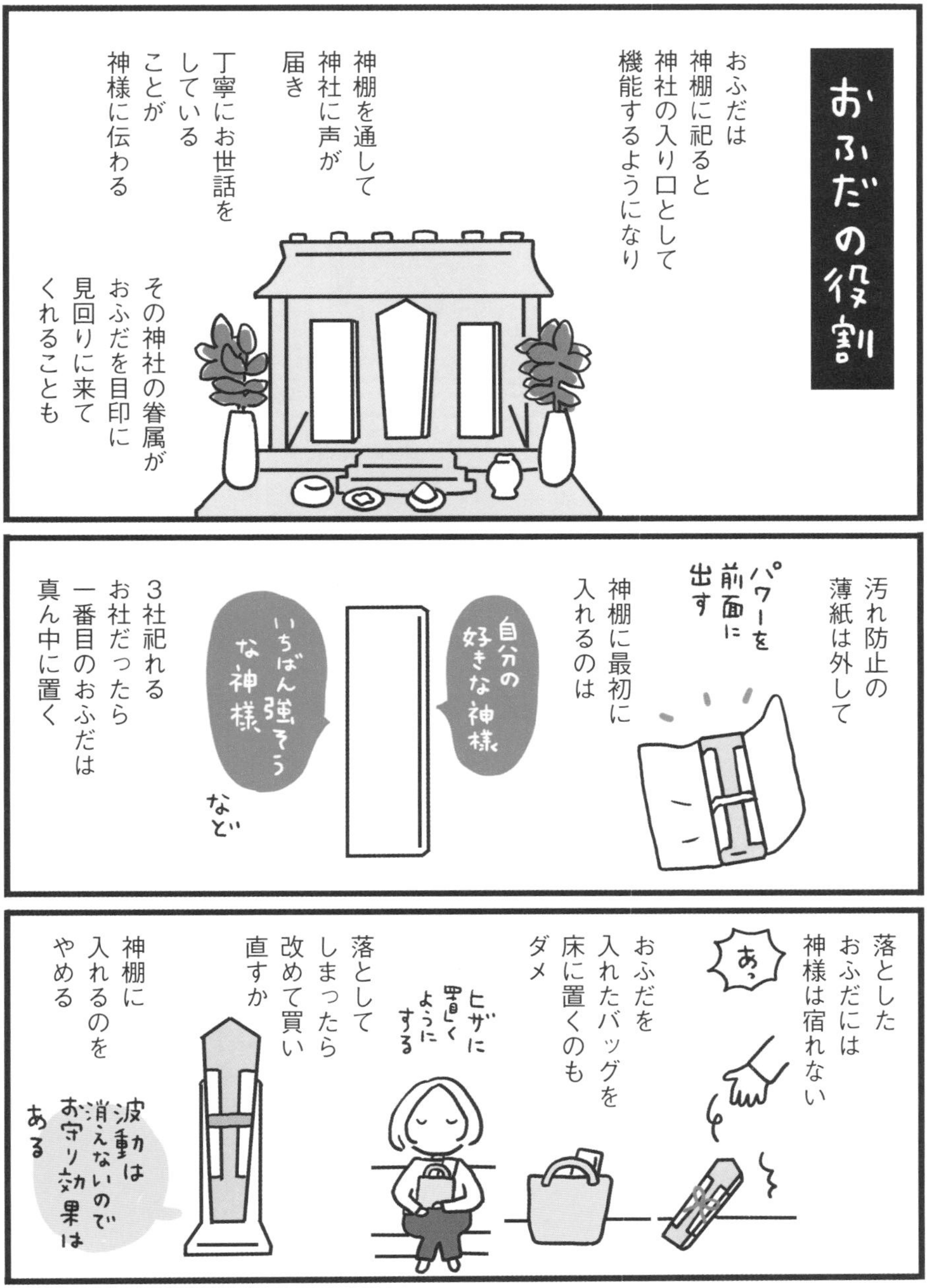
おふだの役割
おふだは神棚に祀ると神社の入り口として機能するようになり
神棚を通して神社に声が届き
丁寧にお世話をしていることが神様に伝わる
その神社の眷属がおふだを目印に見回りに来てくれることも
汚れ防止の薄紙は外して
パワーを前面に出す
神棚に最初に入れるのは
自分の好きな神様
いちばん強そうな神様
など
3社祀れるお社だったら一番目のおふだは真ん中に置く
落としたおふだには神様は宿れない
あっ
おふだを入れたバッグを床に置くのもダメ
ヒザに置くようにする
落としてしまったら改めて買い直すか
神棚に入れるのをやめる
波動は消えないのでお守り効果はある

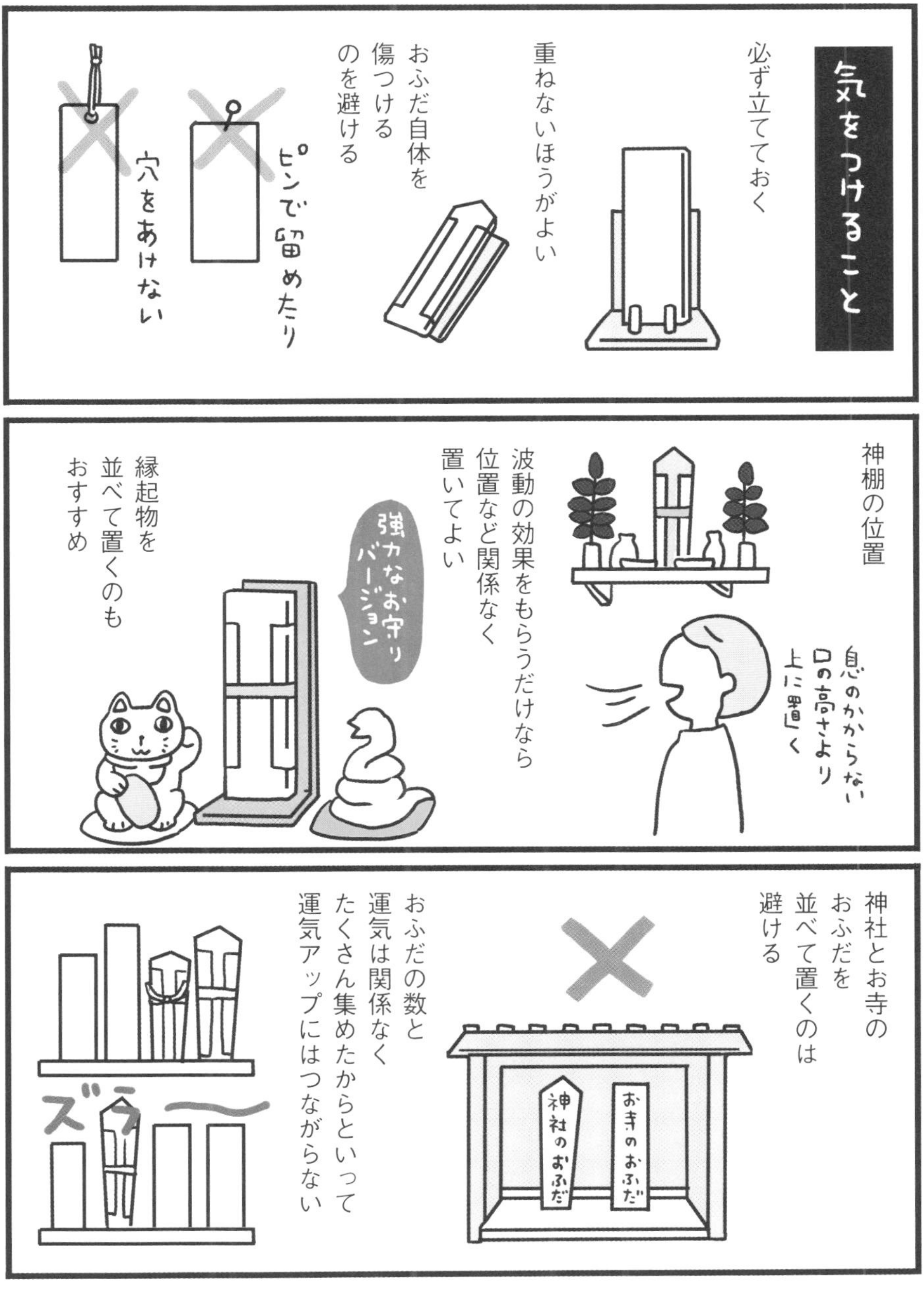
気をつけること
必ず立てておく
重ねないほうがよい
おふだ自体を傷つけるのを避ける
ピンで留めたり
穴をあけない
神棚の位置
息のかからない口の高さより上に置く
波動の効果をもらうだけなら位置など関係なく置いてよい
強力なお守りバージョン
縁起物を並べて置くのもおすすめ
神社とお寺のおふだを並べて置くのは避ける
お寺のおふだ
神社のおふだ
おふだの数と運気は関係なくたくさん集めたからといって運気アップにはつながらない
ズラ〜〜

古くなったものは
神社やお寺にある
古札納所に
持って行き
ましょう
お守りは
半年
おふだは
1年で
波動が消える
古札納所
納めるのは
どこの神社でも
大丈夫です
もとの神社に
戻さないと
いけないと
思ってた
今度
持って
こよう
ただ
まだ波動が
残っている
ものは
神社は神社の
お寺はお寺の
古札納所に
持って行きましょう
その日の
気分や予定で
持ち歩く
お守りを
選ぶって
ちょっと
おもしろい
かも

SHIKIKO'S COLUMN

人間を不運から守ってくれる神仏

運気の下降、幽霊や「魔」などによる障り、よくない土地の悪影響、意地悪な人からの悪念の攻撃、突発的な病気など、この世には人間が自分の力で防げないものがあります。ふりかかってきたら受け入れるしかないという、このような不運から守ってくれるのが、神様や仏様です。

不運だと感じたら神社仏閣に行って、厄祓いや運気アップをお願いするといいです。その際に神仏をもっと近くで感じたい、高波動を身近でたくさん浴びたい、という場合は祈祷が効果的です。願掛けに関していえば、祈祷をするのも自分でお願いをするのも、差はありません。

神社仏閣に行けない日も、神仏の代わりにしっかりと守ってくれるのが、おふだやお守りです。

おふだにもお守りにも神仏の波動がたっぷりと入っています。おふだを家に置けば、毎日波動を浴びることができますし、おふだが持つ特別な効果も受け取れます。お守りはおふだよりも波動が薄いため、こちらは外出時に使用します。

おふだには波動が入っているだけで、神仏が宿っているのではありませんから（神棚に祀っているものは別です）、おふだにお水やお供え物をするのはやめておきます。よくないものがやって来て、飲んだり食べたりする可能性があるのでここだけは気をつけます。

行きつけの神社を持つ

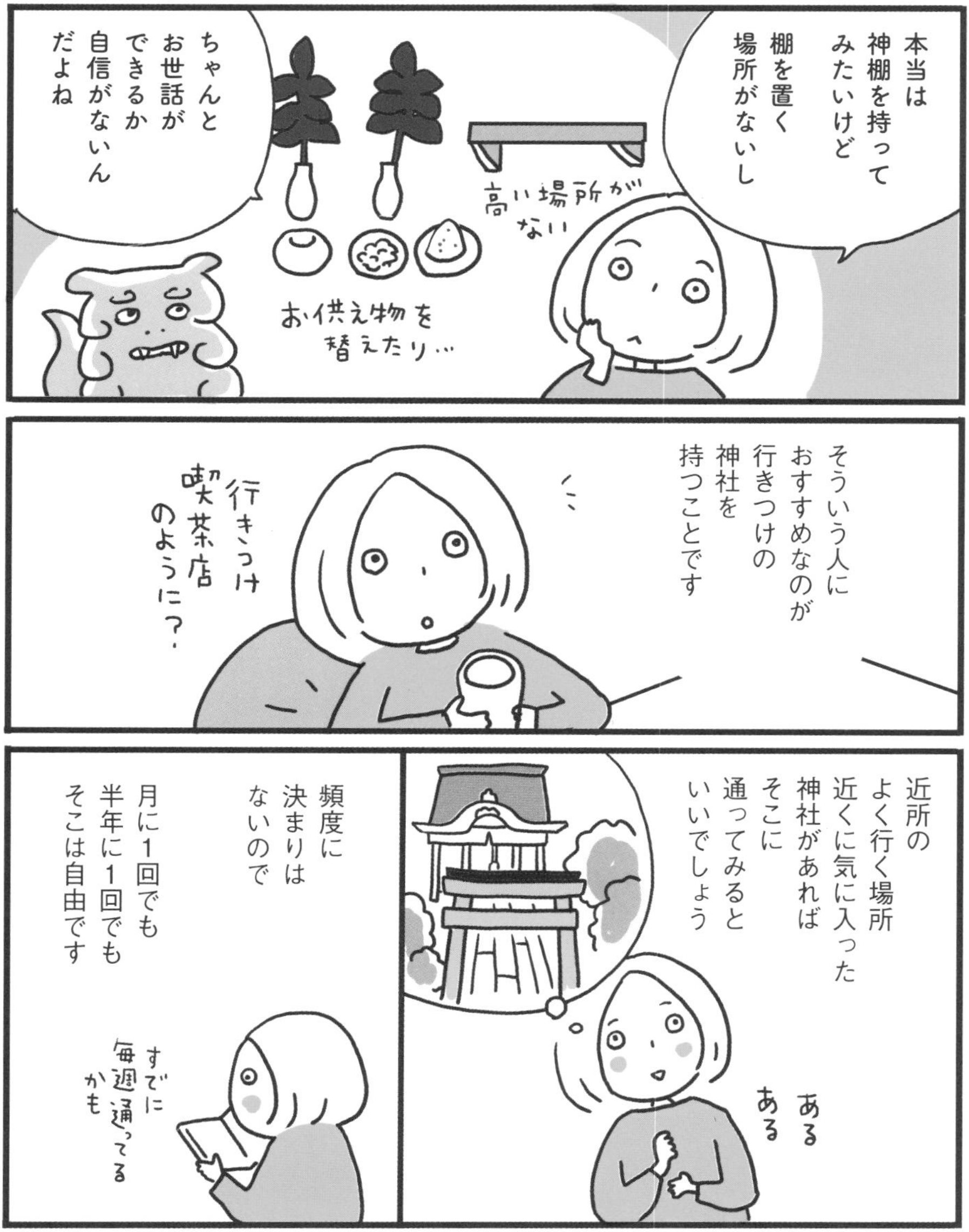
本当は神棚を持ってみたいけど棚を置く場所がないし
高い場所がない
ちゃんとお世話ができるか自信がないんだよね
お供え物を替えたり…
そういう人におすすめなのが行きつけの神社を持つことです
行きつけ喫茶店のように？
近所のよく行く場所近くに気に入った神社があればそこに通ってみるといいでしょう
あるある
頻度に決まりはないので
月に1回でも半年に1回でもそこは自由です
すでに毎週通ってるかも

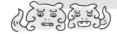

神様
おはよう
ございます
今日も
一日
がんばります
あっ
おはよう
カラスくん
クエッ
ちょっと鳥居をくぐってご挨拶する程度でよいので参拝を続けます
近くまで来たので寄りました
こうやってせっせせっせと通っていると
今から仕事です
いってきます
神様のほうも親しみを感じてくれるのです
こんにちは
今日は電車が止まってしまって…
参拝を重ねると神様も特別に思ってくれるようになり
それは大変じゃったのぉ…
神棚の神様に近い感じになります

神社で祈祷してもらうとよいことが!?

今日は厄祓いにやってきました
気合い入れてちゃんとした服装
この前おみくじで凶が出て…
神様が運気が落ちていると教えてくれた通り
実はなにかとなんとなく不運が続いており
えっほかの人に決まった？
入金がない…
頭をぶつける
お気に入りのマグカップを割る
運の波は徐々に回復するものの回復にどのくらいの時間がかかるかわからない
今すぐ脱出したい！
というときは厄祓いの祈祷がおすすめ

祈祷とは
神職さんに
してもらう
簡単な儀式
お宮参り
七五三など
人生の節目を
神前で
祝うものや
神様に
願掛けしたり
厄を祓って
もらうものも
まずは
受付で
申し込み
えーと
名前と住所
と…
祈祷のとき
名前を
読み上げて
くれるので
読み間違えられ
ないように
ふりがなも
しっかり
書き込みましょう
神崎《かんざき》み
商売繁盛
無病息災
家内安全など
祈願内容を
書きます
次は縁結びをお願いしたい
厄祓い
…と
運気低迷から
脱出したい
ときに
お願いするものは
開運ではなく
厄祓いのほうが
いいぞ

初穂料
5千円
8千円
1万円〜
おふだ
お守り
名水
御神酒
絵馬
お菓子など
授与品の例
神社によっていろいろ
お賽銭や初穂料を願掛けを叶えてもらうお金って思うとあれこれ悩むことになるけれど
神様はお金を払ったかどうかで差別はしないということであれば「社殿の修繕にお使いください」という奉仕の気持ちで納めるのがいいのかも
といいつつ
1万円だと授与品にお箸が入るのか…
いいな
それでは時間までこちらでお待ちください
あとは指示にしたがうだけ
カップルばっかり
そうかこの神社安産祈願でも有名だった
よい気が流れておるな…
あやかりたい…

それでは
こちらに
お越しください
厳かな
空気…
ドン
ドン
ドン
神様は平等なので
お金を納めて
祈祷しても
特別扱いされる
ということは
ないのですが
特典はあります
あ、私だ
かんざき
みほうじ〜
祈祷すると
その場に
神様が来て
至近距離で
神様の
高い波動
ご神気を
たくさん
浴びることが
できます

厄祓いの場合
悪いものは背中に憑きます
わかる…
こわいもの見るとゾッとするのは背中
ゾクッ
なので神主さんにお祓いをされるときは頭を深く下げて背中まで祓ってもらうようにするといいでしょう
深々
運気を低迷させるようなものをのせていた場合スッキリ落ちます
お願いごとの場合は神職さんが本人に代わってお願いごとを神様に伝え願掛け専用の祝詞を奏上してくれます
祈祷中に心の中で
今年中に出会いたいです
申し込み用紙に書いた祈祷内容の補足をすると完璧です
支えあえる男性がいいです

清々しい
そうだ
おみくじ
引いてみよ
おみくじ
おみくじ
わぁ
大吉！
神仏
信じてよし
神様　私
がんばります！
どんな人でも
ついてない
なにをやっても
うまくいかない
ときはあるので
気分転換を兼ねて
祈祷を申し込んで
みるのも
いいかもです
なんだか
体も軽い
気がする

歓迎のサイン

ここも素敵な神社だな〜
バサバサ
カラス…なんか不吉
早く帰ってほしいと思われてるとか？神様から嫌われてる？
カァー
逆だよ

カラスが挨拶に来るのは神様の歓迎のサインのひとつ
神域にいるカラスは神使だから
そうなんだ
神様が好きという信仰心がピュアな人など神様が好ましく思う人が参拝に来ると神様は歓迎をしています
よく来たね〜
歓迎の気持ちや喜びを伝えたいけど神仏霊能力がない人にはわかりません
そのため現実世界で見える歓迎のサインで伝えるのです
？
ようこそ
ほー

ほかにもこんなサインが
ドンドン
ドドン
拝殿したときに祈祷が始まって祝詞を聞かせてもらえる
おめでたい結婚式に遭遇する
虫や動物がお迎えしてくれる
蝶は霊的な虫で
黄色や白い蝶は霊能力がある人に寄っていく
クロアゲハは神様の意思を強く帯びているため歓迎の度合いが上になる
木の実や葉っぱが落ちてくる

虹や日差しなどお天気で気づかせたり
晴れた
ニッ
風を吹かせることも
ヒュー
逆にびゅーびゅー吹いていた風が手を合わせているときにピタッと止まることもあります
ピタ
あれ？
神職さんがにこやかに声をかけてくれたり
おはようございます
普段は入れない本堂に特別に入ることができたり
人を介して歓迎を表現してくれることもあります
今まで全然気づけていなかったかも
せっかくだからちゃんと気づけたり感じられたりできるようになりたいな

参拝の記録は
ノートに書く
のが
おすすめです
歓迎のサインも
わかりやすい
ものから
ちょっと感覚を
研ぎ澄まさないと
気づかない
ものもあります
自由に
好きなように
書いていいの
ですが
厚めのノートに
手書きがおすすめ
より効果的な
記入方法を
お伝えします
参拝ノートのコツ
日付　時間
交通アクセス
お天気など
起こった
事実を
細かく
書いておく
○月○日晴れ
神様から
サインを
もらったら
そのことに
付随する
自分の心の
動きや感動も
細かく記しておく
今は
ピンとこない
内容が
書かれている
おみくじや
よい運勢
ありがたい
メッセージが
書いてある
おみくじを
貼っておく

記録を始めると貴重なサインを逃すまいとするので
雨だ
どうぞ
以前ならただの偶然で片づけていたありがたいサインも気づきやすくなるでしょう
そのときはただの事実を書いただけでも
あれは歓迎してもらったってことか〜
こういう意味だったんだ
とあとからいろいろわかる能力が身についたとき理解できたりします
そうすると神様のこともますます好きになってサインを受け取りやすくなりそう〜
そして忘れた頃に読み返すと
そのときの感情になって神社の『気』を思い出しその『気』に浸ることができます

甘酒
どうぞ〜
おいしい
ちょっと休んでいきなさいってことかな
神様ありがとう
いつも行ってる神社も歓迎のサインもらってたな
でもそういえばそれ以降はなにもないような…
ハッ
もしかして勘違いだった？嫌われた？
歓迎のサインは1回もらえれば十分だよ〜
その1回で本人が歓迎されていることに気づいた
ということを神様は知ってるから
それ以降なかったとしても気にしなくて大丈夫
ホッ

ひんぱんにはないのが普通だけどもしも何回もあったらそれは大歓迎ってことなんだ～
今まで知らなかったのはもったいなかったな
さっそくメモしよ
甘酒おいしかった
カラスが挨拶に来てくれた
お花がキレイだった
神社仏閣では心を澄ませて
ああここの神社気持ちいいな
ここの神様優しい感じがするな～
と心の中をポジティブに明るい好意で満たすようにすれば
多くのものを受け取りやすく感じやすくなるでしょう

お願いごとのコツ

はじめまして 神崎みほです 東京都〇〇区 〇〇丁目〇番地 〇〇マンション 509 に住んでいます
え〜と
いつも 仕事の お願いごとを しているけど 出会いも ほしいな
でも 一度に何個も お願いして いいのかな
あっ あんまり 時間かかると 後ろの人が
いろいろ がんばります ので 幸せになり ますように！

こんなんでちゃんと神様に伝わっているのだろうか
神様に届く願い方のコツってあるのかな？
まず願いごとはひとつの神社でひとつだけ
ひとつ叶ってから次のお願いごとをしましょう
ここでは仕事を
縁結びは縁結びで
よくばりはダメですよね2つお願いごとがあるからもう1社参拝しよう
へへ
お願いごとはできるだけ具体的なほうが叶えてもらいやすいぞ
具体的に？

縁結び
人生を今とは違った彩りと実りのあるものにしたいということ
相手に対する条件だけでなく
お互いに支えあえるような…
人生を豊かにするイメージを話します

平癒祈願
入院しているのであれば病院名　所在地病室番号を伝えます
○○病院
手術前なら手術日や執刀医の名前も

安産祈願
赤ちゃんにとって最初に参拝する神社
おなかにいるときにご縁をくださった神様は
その子が成人してもずっと守ってくれます
力強い神様を選び
安産祈願とともに子どものご加護もお願いします

金運祈願
具体的な金額と理由を話します
転職を考えています手取り20万はもらえるようになりたいです
効果的なのはなぜ今の経済状況では困るのかを詳しく伝えること
今のお給料では貯金ができません
ここで気をつけること
神様はギャンブルがお嫌い
宝くじや万馬券が当たりますように
パチンコで大勝ちしますように
などのお願いはすべて却下されます
ひっひっひ
合格祈願
合格すると不幸になるまたは別の道に進んだほうがよいと判断すると神様はあえて不合格にします
よい方向に導いてください
とお願いすれば最善の未来に導いてくれるでしょう

夢を叶えたい
夢の実現を後押ししてほしいときは
その夢がどれだけ社会に貢献できるのか
どのように人々に奉仕したいのか
誠心誠意お話しするといいです
本を出して
みんなに楽しんでもらいたい
具体的にイメージを伝えるのが大事なんですね
でも私あんまり長くいると迷惑かなとか思っちゃって
お願いごと言うとき ついあせっちゃうんですよね
ズラー
あせ
早く終わらせないと
あせ
そういう場合はお賽銭を入れてからそっと隅に移動してお願いごとをしましょう
位置によって叶う叶わないに違いはないので大丈夫
ご挨拶とお願いごとをしてから
詳しい説明は境内をぶらぶらしながら心の中でするのもよいでしょう
神様
実はやってみたいことがあって

1回願掛けをして叶わなかったからといってすぐにあきらめるのではなく
何回か通ってみなさい
何回もお願いしていいんだ
神様も参拝者が多いと手がまわらないことがあり
叶えたくても叶えられないときがあるのです
人生計画が変わったりする願いなど叶えてはいけないものもあるし
今はその時期ではない場合もあります
神様はすべての人の願いを
なんとか叶えてあげたいと思っているのです
へんに遠慮したり気づかったりせず心のままにお話をしましょう

絵馬の書き方
願いごとが叶う確率が高くなるわけではありませんが
絵馬には独自の効果があります
絵馬を書くことで願掛けが神社に残ります
書くとなったら気合入りますよね
やったるで
ムン
たまにたまたま手の空いた眷属がそこを通ったとき
ほんの気まぐれで願いを叶えてくれることがあります
そんな棚ぼた的ラッキーが
そして絵馬に書くのは文字よりも『絵』のほうが効果があります
神様は文字ではなく込められた思いを見ています
絵を描くのは文字よりも時間がかかるので
心のうちが絵馬に強く記憶され神様にわかりやすいのです
かわいく描けた
色もぬろうかな
神様ここです
ここにいま〜す
今月新規の仕事が入りますように
神崎みほ
イラストは祈願内容と関係なくてもOK

SHIKIKO'S COLUMN

歓迎のサインは素直に喜ぶ

見えない世界があること、神仏がいることを、疑うことなく信じている人が「神様、大好き！」「仏様、大好き！」という気持ちで参拝に行くと、神様も仏様もとても喜びます。

そのような人は、神仏を癒やすことができる、神仏を喜ばせてあげることができる人、と言っても過言ではありません。

神仏が「よう来てくれた」と歓迎を示すサインをくれたら、遠慮をせずに「歓迎された〜！　やった〜！」と大喜びをしたほうがいいです。歓迎のサインを見たのはたまたまだろうとか、私なんかが歓迎されるはずがない……と遠慮をするのは、人間のほうから距離を置くことになるので、神仏がせっかく愛情を示してくれたのに拒否することにもなりかねません。遠慮は禁物です。

歓迎のサインをもらったら、素直に「ありがとうございます♪うれしいです」と喜ぶのがいちばんです。すると神仏との距離がぐ〜んと縮まって、もっともっと神仏が好きになります。

この「好き」という気持ちは非常に大切です。

神仏にラブラブ状態で参拝すると、神仏のほうも目をかけてくれるようになり、ご縁もくださいます。あちこちへ参拝に行くたびにありがたいご縁が増えていくので、人生がよいほうへどんどん変わっていきます。神仏にサポートしてもらえるようになると、人生が大きくひらけていきますし、安心して生きていけるようになります。

眷属ってなに？

狛犬さんって神様にとってどんな存在なんですか？
そうだな参拝に来た人をひとりひとり見ている門番みたいなものだ
狛犬の多くは中に眷属が入っていて修行のひとつとして門番をしています
ちゃんと正面も見てるぞ
眷属
神様のそばで神様の仕事のお手伝いをしていて子分のような家来のような…
忠誠心が厚く強い
とはいっても神様に行動を指示される関係ではないので自分の意思で動いています
神様に失礼なことをしたら許さない

自分の意思で神様のために働くって崇高な存在
神様のおそばでお手伝いしてそれを重ねて修行を積むんだ
見回りかな？
へぇ～
写真撮ろうぜ
あ なんと失礼なやつが
イエ～イ
許さん
ぞくっ
眷属が
こいつは許せん
と思えば神域に入れないなどの手段をとることもあります
スマホが壊れた
オレのも…
神様が
まぁよいではないか
と言ったとしても受け入れるときもあれば受け入れないときもあります
す すみませんでした

眷属はまだ
神様になって
いませんが
神様に近いので
行動を起こす
ときは
それなりの
正しい根拠が
あります
末吉か〜
単なる
いじわるや
好き嫌いで
判断しない
ってこと
ですね
間違った
判断をしない
という
信頼が
あるので
神様は
眷属のする
ことには
口出しを
しないのです
うんうん
神様
細かい指示を
しないのも
正しい判断
のもと
一生懸命に
仕事を
するのを
わかって
いる
からです
すごい信頼関係

たまに狛犬の足元頭の上に硬貨が置かれていますが
・・・
中の眷属はこれを嫌っています
置かれている硬貨を見つけたら取ってあげると喜びます
その硬貨はお賽銭箱に
眷属は
いろいろな種類がいます
どの神社も参道をつかさどっているのは眷属です
中には厳しいものもいるので
参道でうっかりゴミを捨てたり
神様を軽く見るような言動をしないようにしましょう

境内社について知っておく

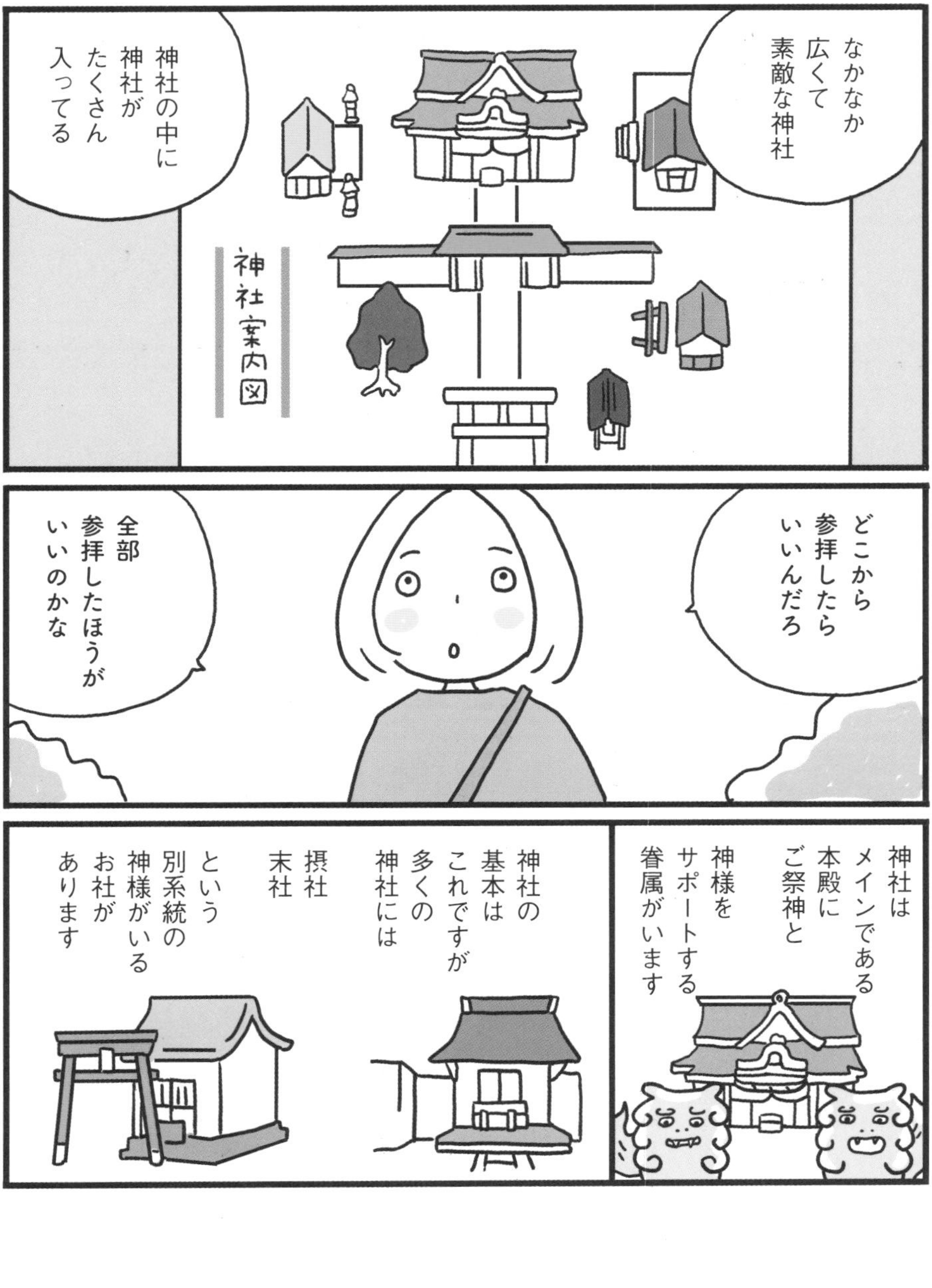

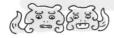

メインの神様に
しっかりと
自己紹介と
挨拶をしていれば
境内にいる
もろもろの神様や
眷属にまで
声が届いて
いるので
1社ずつ
回らなくても
大丈夫です
もし全部回るなら
本殿→摂社→末社→本殿の
順に回ります
まずは
本殿に行き
しっかりと
挨拶や
お願いごとを
します
まずは本殿
摂社と
末社では
簡単な言葉で
お参りし
よろしくお願いします
摂社
末社
最後にもう一度
本殿に
手を合わせて
帰ります
ありがとうございました

境内社に鎮座している神様は勧請《かんじょう》されて来ています
勧請とは離れた場所にいる神様に対してこちらに来てくれるよう願うこと
お招きしてるのか
お社を建てても神様が来るかどうかは勧請されたほうのご祭神が派遣するかどうかで決まります
どうしようかの
イメージ図
ということは神様のいない境内社もあるんだ
まれに勧請をされた神社から来たのではなく地元の神様が入っていることもあります
ご祭神の許可済
ワシが代わりに入ってやるかの

境内社は ずっと そのお社に 鎮座している 神様と
日中は本殿に 行って ご祭神と一緒に お仕事をする 神様に 分かれます
事情があって もとの神社に 帰ることも あり
境内社と いっても 事情は様々です
へー
参拝のとき 境内社に 手を合わせるか どうかは自由です
スルーしても 叱られる ということは ありません
とりあえず 参拝しとくか～
という態度は よいことでは ないので 敬う気持ちが なければ やめておいた ほうが さっぱり していて よい印象を 持たれます
はい

気になるご神木

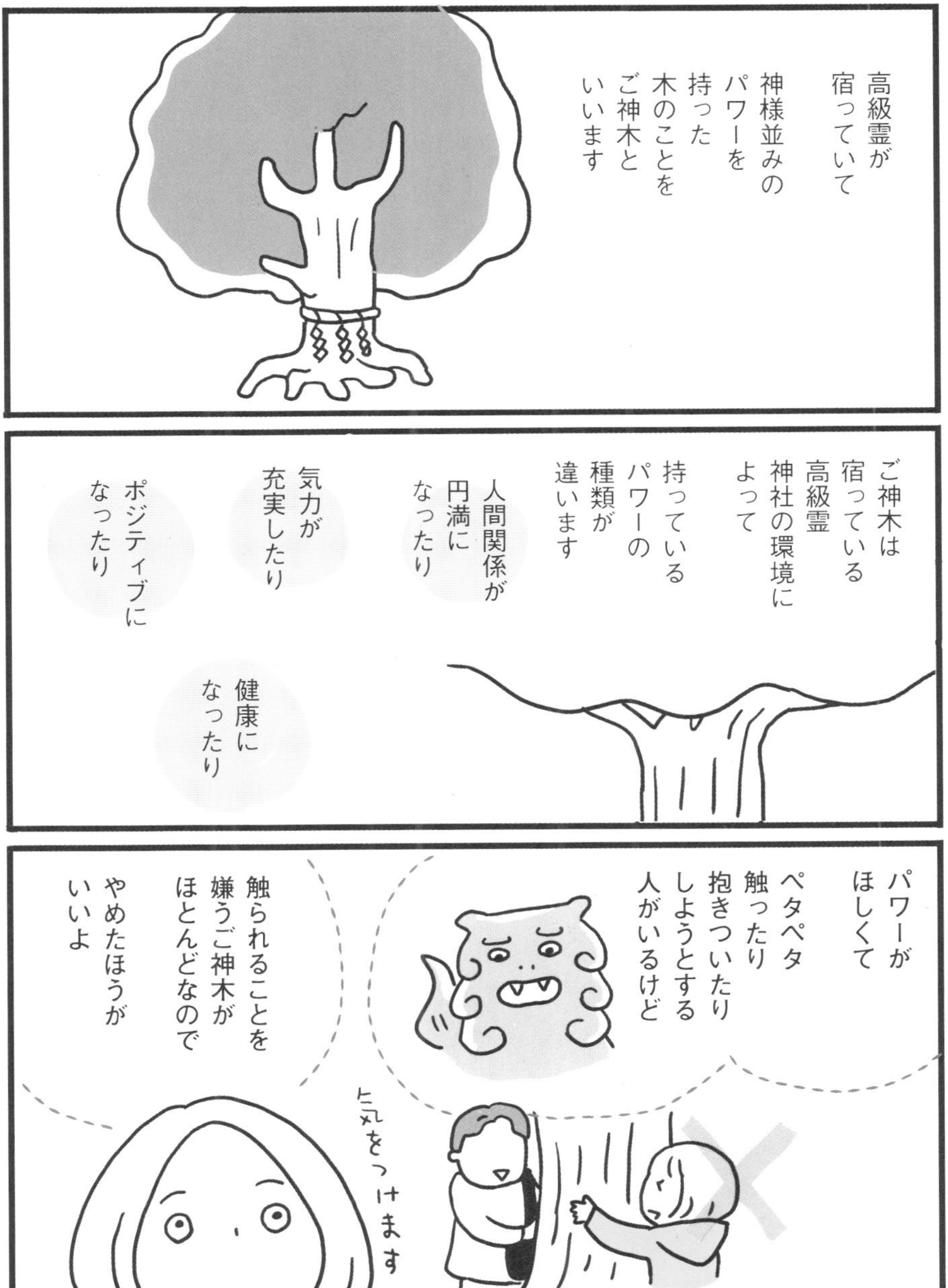
高級霊が宿っていて神様並みのパワーを持った木のことをご神木といいます
ご神木は宿っている高級霊神社の環境によって持っているパワーの種類が違います
人間関係が円満になったり
気力が充実したり
ポジティブになったり
健康になったり
パワーがほしくてペタペタ触ったり抱きついたりしようとする人がいるけど
触られることを嫌うご神木がほとんどなのでやめたほうがいいよ
気をつけます

パワーをもらう正しい方法
木の下に立ち
そこで
お話を
しながら
エッセンスを
振りかけて
もらいます
エッセンスとは
キラキラした
霧雨のような
細かい光の粒で
パワーを
別の形に
したものです
はぁ
なんか
癒やされる
な…
これが
パワースポット
というやつかしら

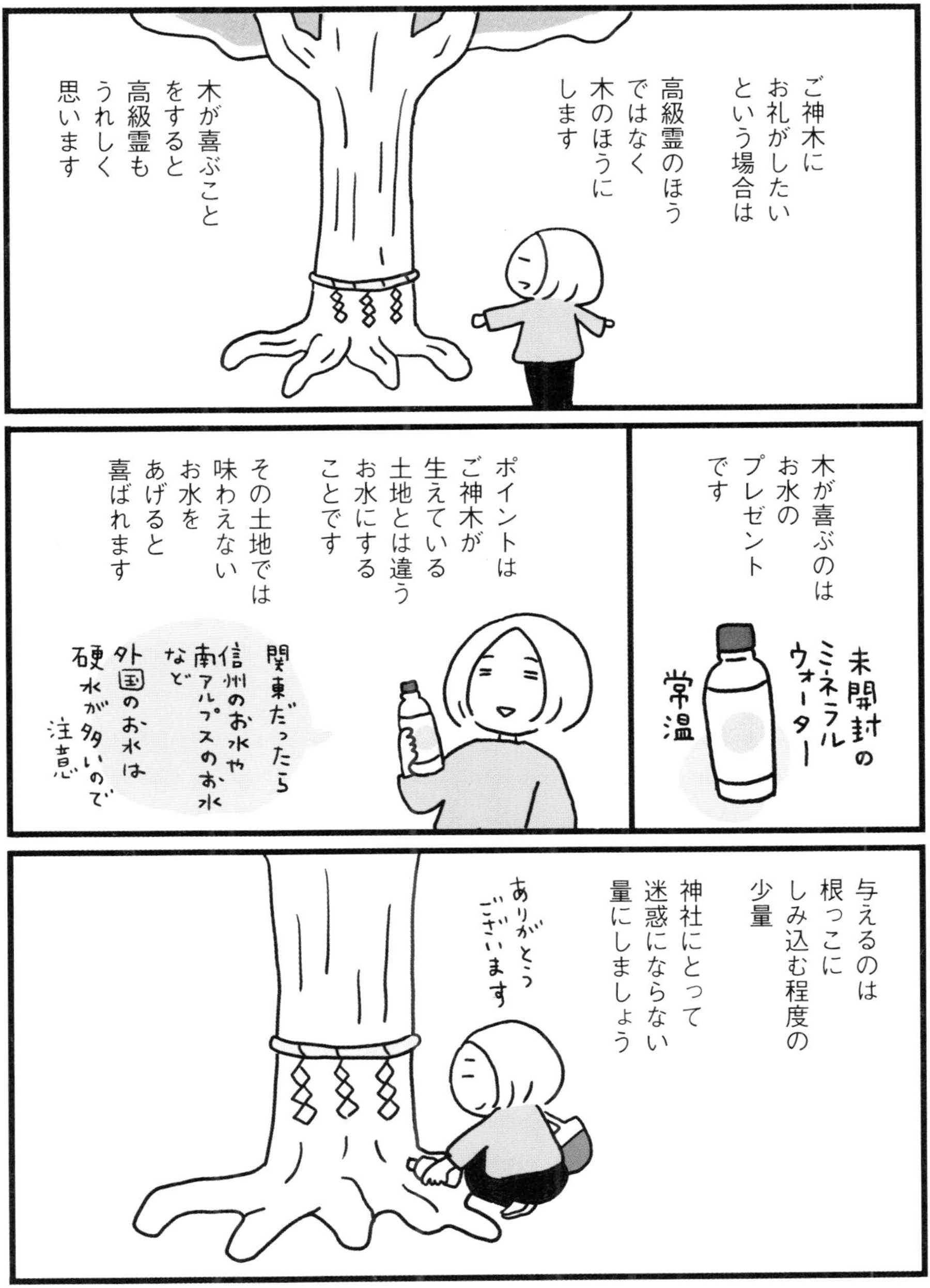
ご神木にお礼がしたいという場合は高級霊のほうではなく木のほうにします
木が喜ぶことをすると高級霊もうれしく思います
木が喜ぶのはお水のプレゼントです
未開封のミネラルウォーター
常温
ポイントはご神木が生えている土地とは違うお水にすることです
その土地では味わえないお水をあげると喜ばれます
関東だったら信州のお水や南アルプスのお水など
外国のお水は硬水が多いので注意
与えるのは根っこにしみ込む程度の少量
神社にとって迷惑にならない量にしましょう
ありがとうございます

霊山に登ると楽しいことがある

霊山に登ると
たまに天狗が
いたずらをします
生まれながらに
霊感のある人は
意識していなくても
見ることが多いの
ですが
ガサ
ガサ
あっ
霊感を磨く
までは
たま〜に
タイミング
状況　気温
天候など
いろいろな
条件が重なると
ふと　見える
ことがあります
どこでも
会えるわけ
ではなく
天狗のいる山
天狗のいる
神域でしか
会えません
ここで
天狗の
いたずらは
どういうもの
なのかを
紹介します

子どもの頃から
なぜか異常に
天狗がこわく
大人になっても
それが
消えなかった
桜井識子さん
こわい
てんぐの絵本
霊山に登山中
のことです
こんにちは〜
普通の
2人組だけど
なんか
違和感？？
こんにちは
みんな
どうしたの
かしら
キョロ
キョロ
はぐれ
ちゃった
わね〜
ピタ
みんな？
だれもいないのに…
なにか
おかしい
夏なのに
ジャージ…
そういえば
荷物も
持ってなかった
？
行きましょ
バサバサ

なにかが飛んでった鳥？
あっちは神社のほうだけど
ふたりがいない もしかしてさっきの
天狗？
なぜだかそのときはっきりと天狗とわかりました
そしてまた別の日に登山していたとき
ピタ
な なんでこんな真ん前で止まるの？
？
お母さんとはぐれちゃった
まだ上にいるのかしらねぇ〜
はぐれた…？ 前にもこんなことが

前に天狗に会ったときと同じパターンだ
じゃあやっぱり
ハッ
こうやってなんとなくもしかして天狗？とわかるヒントをくれるのです
クスクス
天狗はこわいこわいと言っていたのでもしかしたら神様に「こわくないことを見せてあげなさい」と言われてお茶目なところを見せてくれたのかもしれません
こわい
こわい
イメージ図
おかげで天狗はすっかりこわくなくなりました
天狗は人間をからかうときは人間に変身することが多いです
山の中なのにサラリーマンの姿だったり
かなり高齢のおじいさんだったり

自分には見えてたのに
ほかの人には見えてないことも
え？ そんな人いた？
？
ほかにも木を揺らしてみたり
ガサガサ
スマホをこっそり操作してみたり
こんなの打ったっけ？
なんとなく不思議な会話をしていたり
「ん？」
「あれ？」
「なにかおかしくなかった？」
とちょっと思う程度のお茶目ないたずらが特徴です
風吹いてないのに木が
これはもしかしたら
もしかして？

天狗は
わかる人に
いたずらを
するので
霊感や能力が
開花する
可能性がある
ことを
教えてくれている
ということも
あります
もしかしたら
気づいたこと
自体が
能力が開花しつつ
あることを
示している
場合も
経験したら
不思議だな
で終わらすのは
もったいないので
どうして
起こったの
かな？
なにか
教えてくれ
ているのかな
と
考えてみる
のがいい
かもしれません
また
会えるかな

新しいお財布は神社でおろす

新しいお財布を買ったら
神社でおろして金運アップ!
なんとなくお金が出ていくお財布ってありませんか…？
やけに急な出費が…
あげく落とす…
あわ
あわ
金運アップのお財布にするには
お財布の最初の仕事を神社ですると よい

お賽銭を入れる
おみくじを引くなど
お財布の口を開ける最初の場所が神社だと神様がお祓いをしてくれます
なのでそれまではお財布を開けないように
電子マネー使っていこう
ピッ
この日だけ特別に参拝の順序が違います
2礼
お賽銭を入れるのをあとにします
2拍手
パンパン
ご挨拶
いつもお世話になってます神崎みほです

新しい
お財布を
買いました
お祓いを
してください
金運のよい
お財布に
なると
うれしいです
と
お願い
します
1礼
ペこ
そして
お財布を
出して
お賽銭を
入れます
お財布
初めての
お仕事
このとき
お財布を
思いっきり
パカーッと
開きます
パカー
これで
神様に中を
お祓いして
もらえます

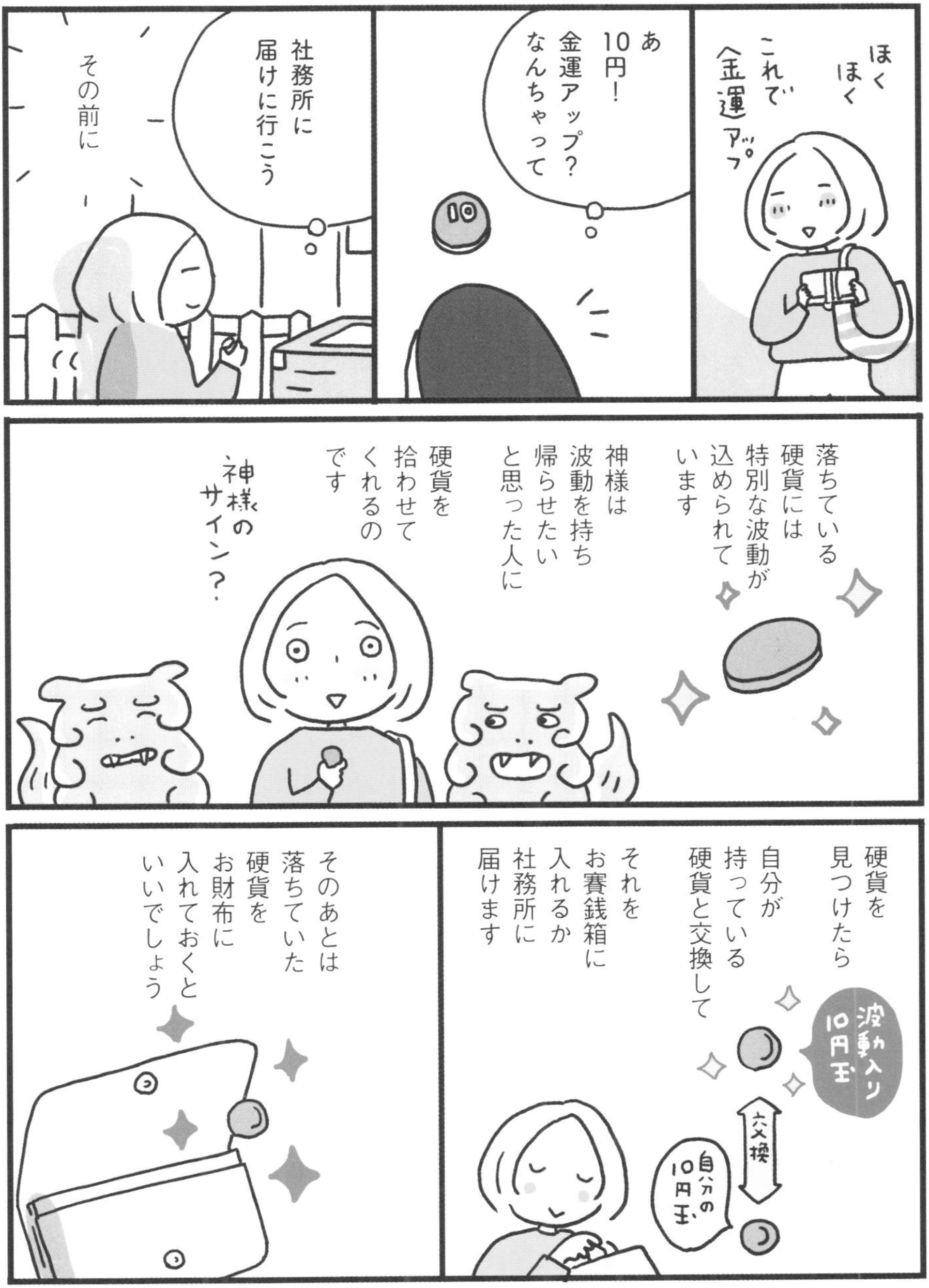

ほく
ほく
これで
金運アップ
あ
10円！
金運アップ？
なんちゃって
社務所に
届けに行こう
その前に
落ちている
硬貨には
特別な波動が
込められて
います
神様は
波動を持ち
帰らせたい
と思った人に
硬貨を
拾わせて
くれるの
です
神様の
サイン？
硬貨を
見つけたら
自分が
持っている
硬貨と交換して
それを
お賽銭箱に
入れるか
社務所に
届けます
波動入り
10円玉
交換
自分の
10円玉
そのあとは
落ちていた
硬貨を
お財布に
入れておくと
いいでしょう

縁起物で運気をアップ

私は縁起物が好き
いろいろ集まったな〜
ホコリがかぶると縁起物の福を呼ぶ力にもホコリが付くっていうから
磨いてきれいな状態にしておかないとね
福

縁起物は飾りにしないことが大切
実際に働いてもらって
自分達は置物ではない福を呼ぶ縁起物なのだ
と自覚を促し機能を発揮してもらうのです
福
なるほどやってみよ〜
招き猫はその手をおいでおいでして
お金入って〜
収入増えますように〜
熊手はかき寄せてみる
福よ来〜い
ざっくざく
開運の鈴はちゃんと鳴らさないと
開運しますように〜
チリーン
チリーン
チリーン
心なしか縁起物たちが生き生きしてるように見える
福

SHIKIKO'S COLUMN

縁起物で運を呼び込む

人間の意思にはパワーがあり、ときには現実を動かすような力を発揮することがあります。これは強く念じたらそうなる、というわけではありません。重要なのは心の状態です。

悩みがあって気分が暗く落ち込んだ状態を長く続けると、運気まで下降させてしまいます。逆にウキウキした明るい心の状態をキープすると、運気を押し上げるのです。

ここで縁起物のお話です。縁起物は小さくても運を呼び込むパワーを持っています。ひとつだけだったらそんなに大きな効果はありませんが、いくつかを集めて置いておくと、大きな力となって運気を上昇させてくれます。

縁起物はかわいらしいものや、福々しいものが多く「この子たちが運を呼び込んでくれるのだな」と見ていると、ワクワク、ウキウキした気分になります。

このワクワク気分の心の状態が、運気を押し上げるので、縁起物を集めて、ときどきながめることがおすすめです。

長く飾っていると、ある日「あら？　運を呼び込むパワーが落ちた？」と感じることがあります。そうなったら同じものを新品に換えたり、まったく違うものを飾ってみたりして、縁起物コーナーの雰囲気を変えてみます。こうすると運を呼び込むパワーが復活して、ふたたび幸運を招いてくれるようになります。

第二章

お寺で開運！のコツ

お寺の参拝の仕方

弁財天様は
芸術や
商売繁盛の
ごりやくが
フムフム
すっかり
神仏めぐりが
楽しくなった
今日この頃
素敵〜
鳥居で
1礼…
あっ ここ
お寺だった
鳥居がない
入り口で
1礼
ペこ
神社と
お寺で
参拝方法って
違うのかな

少し違いはあるかな
こんにちはカラス天狗だよ
よかったら案内しようか？
カラス天狗・・・
えっいいんですか？
ついておいで～
神社は神道・神様
お寺は仏教・仏様だよね
そういえばうちは仏教だったな

まず 手水舎が あったら 手を清め ます
ないところも あるので なかったら しなくても OK ウェット ティッシュ などで拭く 必要はありません
塗香があれば ひとつまみ 手にすりこんで 手水の代わりに 体を清めます
粉になっているお香
香が お清めなんだ
あ お線香
仏様に対して より丁寧な 参拝をしたい という人は 線香の奉納を すると いいよ
お線香
100円

火をつける
火がつきすぎても息を吹きかけないように
香炉に入れる
気をつけて
お線香はあとから来た参拝客に仏様の波動入りの煙を渡すお手伝いができるんだ
そうそう悪いとこに煙をかけるとよくなるって聞いたことある
仏様の波動入りの煙だからなのか
全身で浴びるスタイル
風向きが急にこっちに

お賽銭を入れて
すべらすように
お寺は2拍手しない
はじめまして神崎みほと申します
そっと手を合わせて
ご挨拶
自己紹介
願掛け
最後に1礼
とびきり丁寧にご挨拶したいというときは
合掌したあとに般若心経を唱えます
かんじーざいぼーさっ
ぎょうじんはんにゃーはーらーみったじー
かすかな音量でかまわないので声に出して
仏像の前に真言が書かれているお寺だったら
その真言を3回唱えると丁寧な参拝になります
ご利益 開運福徳智
ご真言 おんべいしらまんたや
毘沙門天
ご利益
ご真言

ただ読経はかなり難易度が高いし真言も読み方が難しかったりするならどちらも無理にしなくて大丈夫だよ
般若心経ってたしか
おっ唱えられるのか
かんじーざいぼーさつぎょうじんはんにゃーはーらー
ここまでしか
ズコ
法事のとき覚えた
お寺って法事やなんかでちょくちょく行って身近な割によく知らないことが多いかも
まずはどんな仏様がいるのか知ってみようか
はい〜

どんな仏様がいるの？

知っているとお寺めぐりがさらに楽しくなる、
さまざまな仏様をご紹介します。

阿弥陀如来

如来

阿弥陀如来《あみだにょらい》、薬師如来《やくしにょらい》、大日《だいにち》如来《にょらい》、釈迦如来《しゃかにょらい》などの仏様がいます。阿弥陀如来は死後の世界の平和を守っている、極楽浄土の仏様です。成仏の準備ができた幽霊や四十九日でうまく成仏できなかった人を、あちらの世界に連れて行きます。また、薬師如来は病気の平癒が得意な、体のみならず心の病もほぐしてくれる仏様。右手、白毫《びゃくごう》（仏像の眉間にある丸い突起）、目などから、癒やし（治療）の光線を出して当ててくれます。

菩薩

観音菩薩

十一面観音《じゅういちめんかんのん》、千手観音《せんじゅかんのん》、如意《にょい》輪観音《りんかんのん》、弥勒菩薩《みろくぼさつ》、地蔵菩薩《じぞうぼさつ》、日光《にっこう》・月光菩薩《がっこうぼさつ》、聖観音《しょうかんのん》などをはじめとした、多くの仏様がいます。十一面観音は、多方面（違う方向）から、いろいろな方法で衆生を救います。千手観音は、たくさんの持物《じもつ》（手に持っているもの）や手を使って人々を救ってくれます。地蔵菩薩は、成仏できていない幽霊に優しく、幽霊から見えていなくても、根気よく面倒をみています。日光・月光菩薩は、薬師如来のお手伝いをしているので病気平癒に強い仏様です。

明王

不動明王

不動明王《ふどうみょうおう》、降三世明王《ごうざんぜみょうおう》、軍荼《ぐんだ》利《り》明王《みょうおう》、大威徳明王《だいいとくみょうおう》、金剛夜《こんごうや》叉《しゃ》明王《みょうおう》といった五大明王や、ほかに愛染明王《あいぜんみょうおう》、孔雀明王《くじゃくみょうおう》などの仏様がいます。不動明王は、この中でもいちばん有名で祀《まつ》られていることが多い、いわゆる「お不動さん」とも呼ばれる仏様。強烈に強い仏様で人間に取り憑《つ》いている悪《あく》霊《りょう》や背中に乗っている幽霊などを落としてくれます。しっかり守ってもらうためには真言をいただき、ご縁をもらっておくことが必要です。

天部

四天王《してんのう》、帝釈天《たいしゃくてん》、弁財天《べんざいてん》、大《だい》黒天《こくてん》、金剛力士《こんごうりきし》、十二神将《じゅうにしんしょう》などの天部《てんぶ》とは、悪霊など見えない世界の悪ものと日夜戦っている仏様が多くいる部門です。多聞天《たもんてん》は、四天王の中でいちばん知られていて、別名毘沙門天《びしゃもんてん》といいます。悪ものと激しい戦いをする仏様でありながら、人間を富ませるパワーを持っています。弁財天は、金運を授けてくれたり、エンターテインメント的なものに力を発揮したりします。

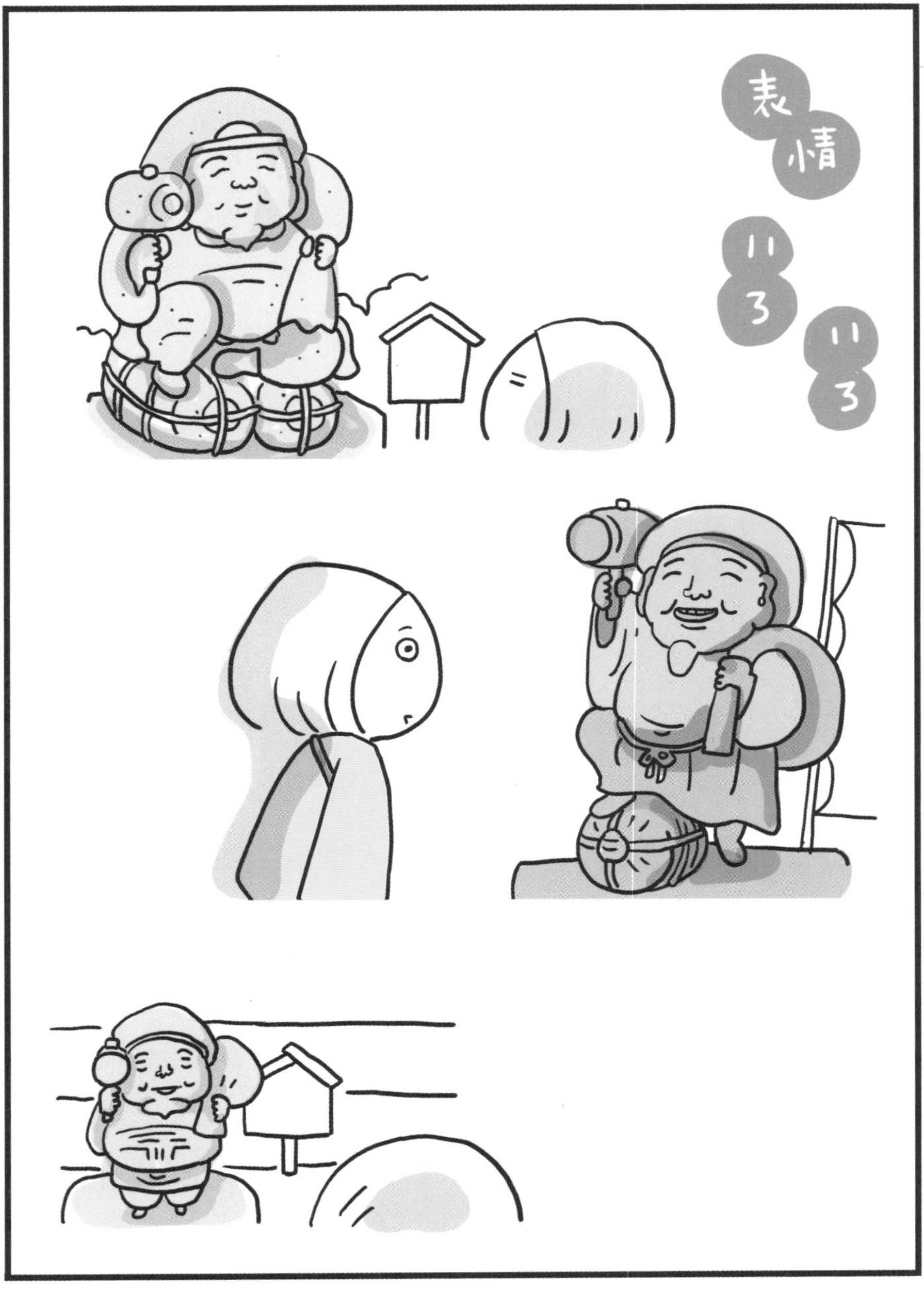
表情
ニコ
ニコ

SHIKIKO'S COLUMN

仏様を信仰するコツ

仏様はごりやくの専門性が高いです。平癒祈願には薬師如来さんが強く、死後の世界に関するお願いだったら阿弥陀さんやお地蔵さんがおすすめです。悪い憑きものを祓ってもらいたい場合は、お不動さんや四天王がベストですし、自分の能力を高める「手」を貸してもらいたいときは千手観音さん……というふうに、多くの仏様には得意な分野があります。

薬師如来さんに縁結びをお願いしても悪くはありません。叶えてもらえるかどうかは別として、なにを願うのかは自由です。けれど、病気を治してほしい！という切実なお願いは、お地蔵さんにするよりも薬師如来さんにしたほうが叶えてもらえる確率は高いです。

仏教は解釈の違いでいくつかの宗派に分かれています。空海さんは真言宗で最澄さんは天台宗です。ほかにもいくつかの宗派がありますが、敬虔《けいけん》な仏教徒でなければ、違いにこだわる必要はありません（もちろん、こだわってもOKです）。

仏様のほうは宗派をまったく意識していないので、私たちも宗派にこだわることなく、仏様そのものを信仰することがピュアな信仰心につながります。

もとが人間だった仏様はどの仏様も親切で優しいです。参拝に行くと緊張する、お寺に慣れていないという方は、もとが人間だった仏様の信仰から始めるとスムーズに仏教になじめるように思います。

かんじーざいぼーさっ
ぎょうじん
はんにゃーはーらー
みったじー

人間だった仏様

仏様の中には、もとが人間だった方がいます。
主だった仏様をご紹介します。

空海さん

仏教徒に限らず、苦しんでいる人や困っている人を助けたいと、立派な仏様でいらっしゃるのにご自身で布教をしています。仏教を広めるためではなく、仏様の慈悲やごりやくを伝えています。

生前の人格が優れたお方で、深い愛情に満ちた優しくて大きな仏様です。亡くなったときに心が傷ついていたり、心が定まらなかったりした場合、仏様に頼れば救われることを説いています。

鑑真さん

最澄さん

見えない世界でも弟子を育てることに力をそそいでいます。その弟子たちが全国に散らばって活動をするため日本の隅々まで仏様のご加護が届きます。見えない世界のことを知りたい、きわめたいという人をサポートしています。

聖徳太子さん

とてもアクティブな仏様で、お寺にただ座っているのではなく、あちこち出向いていって、多くの人々を救っておられます。今の仏教とは少し異なった〝飛鳥仏教〟の仏様です。

護摩祈祷ってなに？

護摩を焚く
祈祷
勤行
法要は
それ自体に力があります
毎日
護摩が焚かれて
いるのと
焚かれていない
のでは
同じ仏様でも
パワーが
全然違います

護摩の炎が
仏様を
強くするのです

仏様をパワーアップさせるほどの炎…すごそう
パワー
参加すればそのパワーは人間ももらえます
大きなパワーをもらえるので元気がない覇気がないくじけそう…というエネルギー枯渇状態でも
ハァ…
ぐったり
一気に充電されます
願掛けはお坊さんがお経を唱えているときに心の中で言えば届きます
良縁に恵まれたいです
護摩木に願いごとを書いて焚いてもらうよりも
願いごとと名前を書く

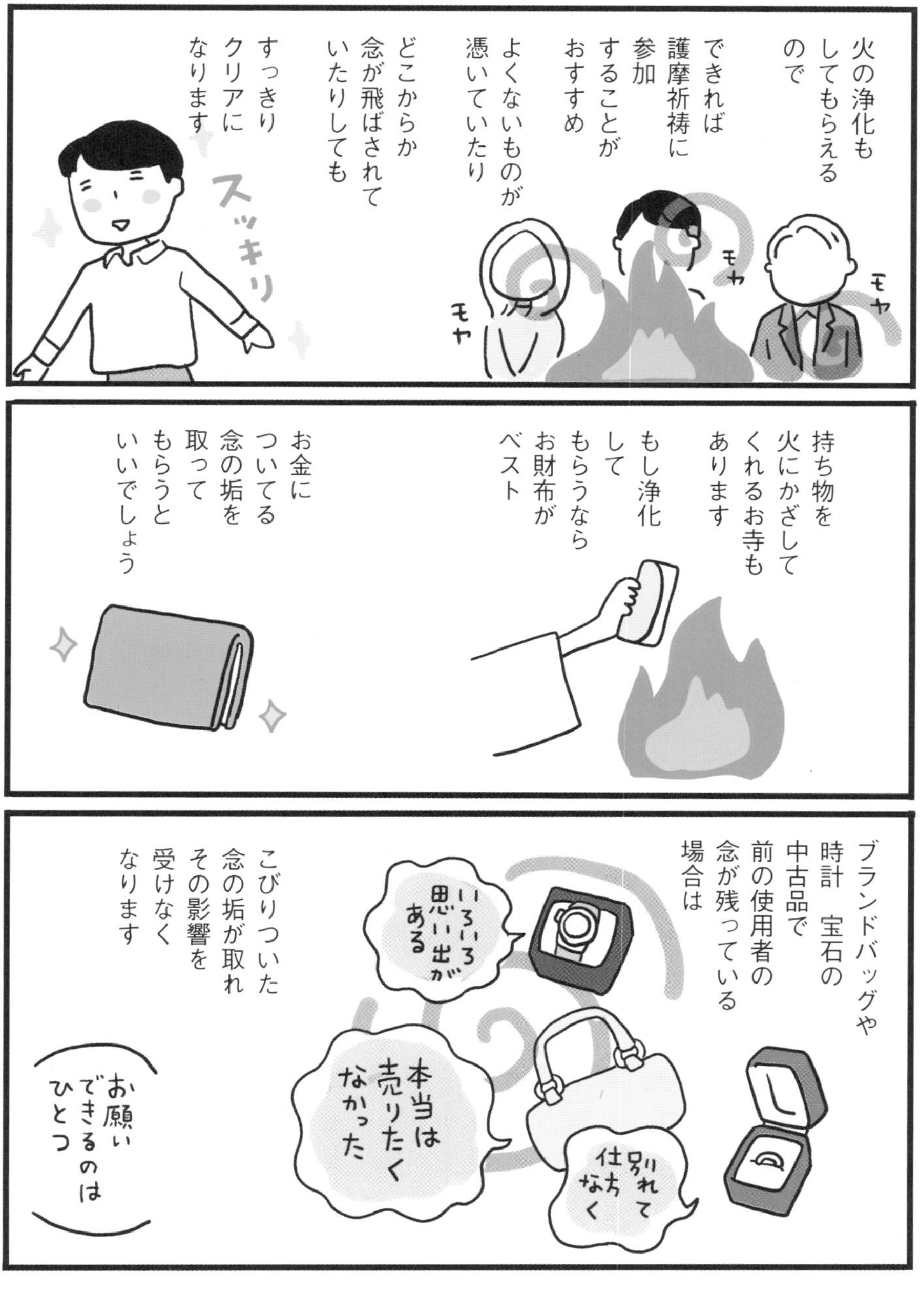
火の浄化も
してもらえる
ので
できれば
護摩祈祷に
参加
することが
おすすめ
よくないものが
憑いていたり
モヤ
モヤ
モヤ
どこからか
念が飛ばされて
いたりしても
すっきり
クリアに
なります
スッキリ
持ち物を
火にかざして
くれるお寺も
あります
もし浄化
して
もらうなら
お財布が
ベスト
お金に
ついてる
念の垢を
取って
もらうと
いいでしょう
ブランドバッグや
時計　宝石の
中古品で
前の使用者の
念が残っている
場合は
いろいろ思い出がある
別れて仕方なく
本当は売りたくなかった
こびりついた
念の垢が取れ
その影響を
受けなく
なります
お願いできるのはひとつ

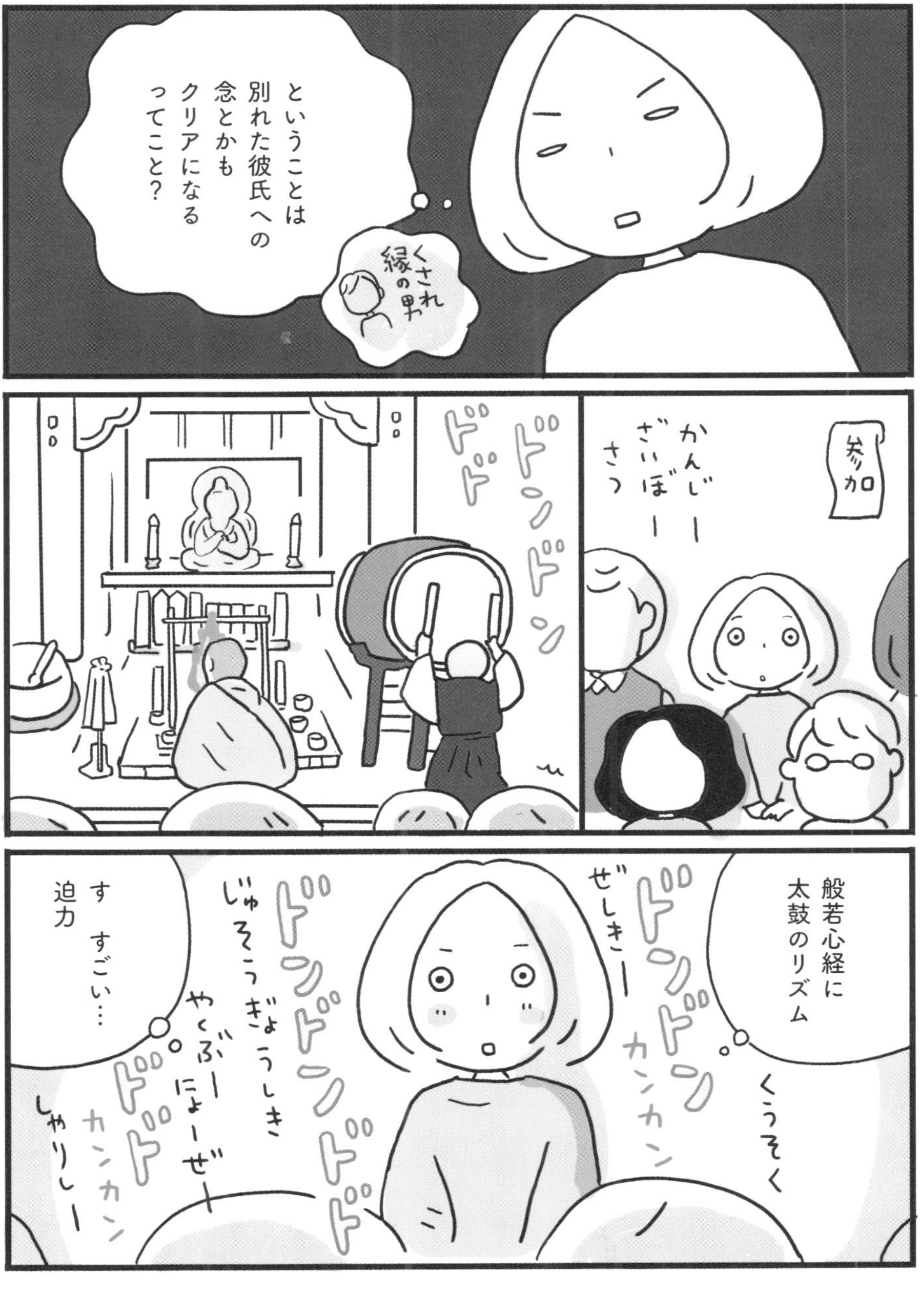
ということは
別れた彼氏への
念とかも
クリアになる
ってこと？
くされ縁の男
参加
かんじーざいぼーさつ
ドドドンドンドン
般若心経に
太鼓のリズム
くうそく
ぜしきー
ドンドン
カンカン
ドドンドンドド
じゅそうぎょうしき
やくぶーにょーぜー
ドドド
カンカン
しゃりしー
す　すごい…
迫力

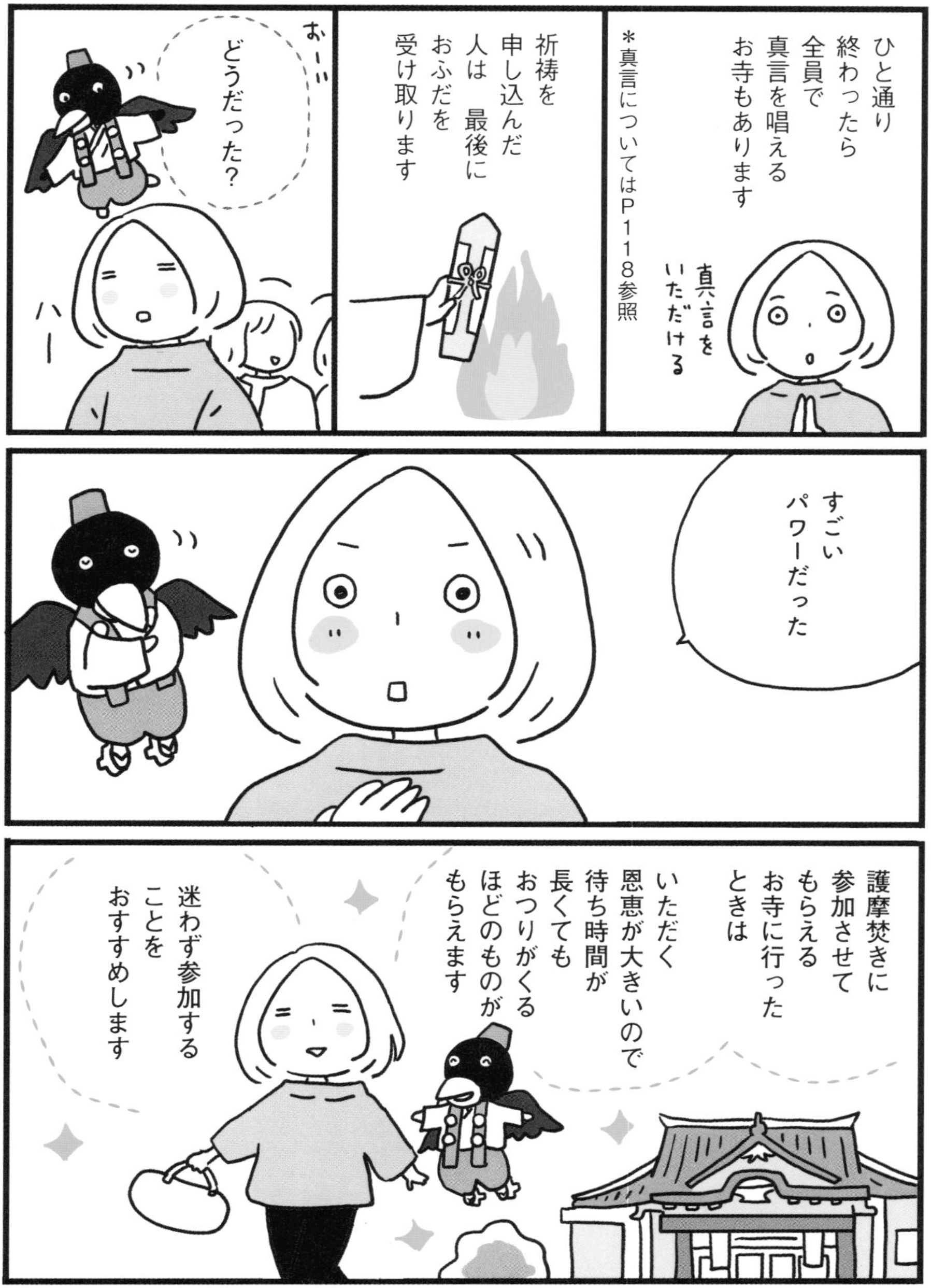
ひと通り終わったら全員で真言を唱えるお寺もあります
＊真言についてはP118参照
真言をいただける
祈祷を申し込んだ人は　最後におふだを受け取ります
おーい
どうだった？
ハー
すごいパワーだった
護摩焚きに参加させてもらえるお寺に行ったときは
いただく恩恵が大きいので待ち時間が長くてもおつりがくるほどのものがもらえます
迷わず参加することをおすすめします

SHIKIKO'S COLUMN

真言や般若心経を身につける

幽霊をおそろしいと思っている人が、この本を読んでいる方の中にもいらっしゃるのではないでしょうか。幽霊や魑《ち》魅《み》魍魎《もうりょう》、妖怪、魔ものなど、見えない世界によくないものがいるのは事実です。

これらのものは人間に障りを与えます。急に運が悪くなった、なにをやってもついていないと感じる、不幸な出来事がたて続けに起こる、不快な体調不良が続く、いきなり病気になってしまった……などは障りの可能性があります。

このようなときに頼りになるのが、お不動さんをはじめとする明王や、四天王などの天部の仏様です。見えない世界の悪いものと戦っている仏様方だからです。もしも「憑かれているかもしれない」と思ったら、お祓いに行くといいです。

ホテルに宿泊したときや夜道などで「幽霊がいるような気がする」と感じたときはお不動さんの真言が効きます。般若心経も幽霊を追い払う武器として使えます。般若心経は長いのでなかなか覚えられないという方は、お坊さんが唱えているものをスマホに入れておくと、いざというときに使えて便利です。

私が監修したＣＤ「神仏をいつも身近に感じるために」には、空海さんのお弟子さんであるお坊さんが唱えた真言や般若心経を収録しています。サブスクでも聞くことができますから、真言や般若心経の音源をお持ちでない方はよかったらご利用ください。

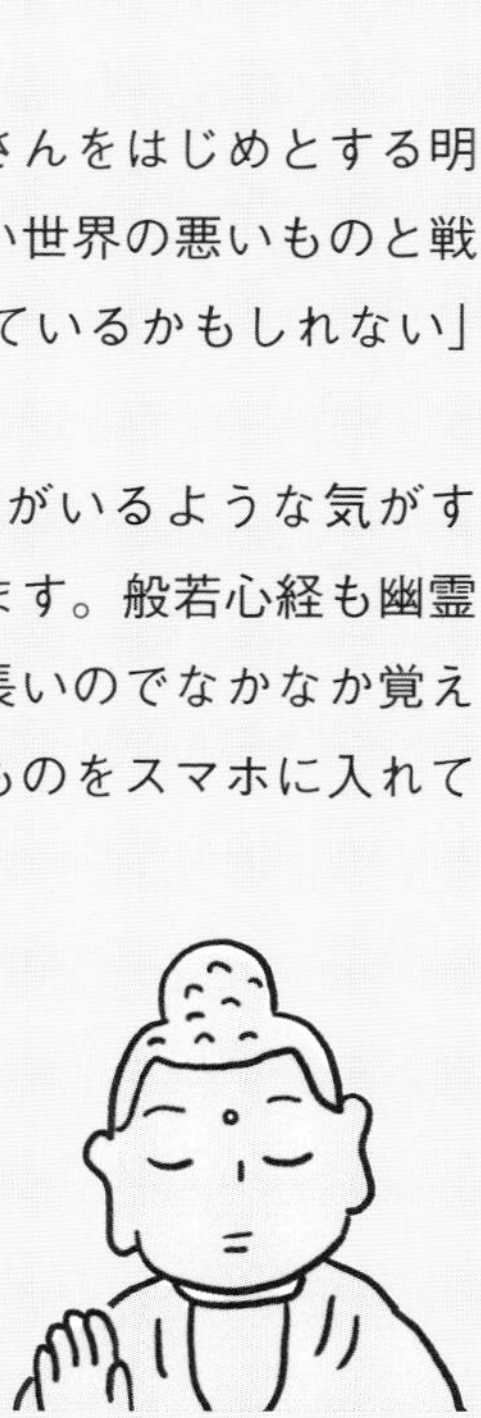

写経にチャレンジ

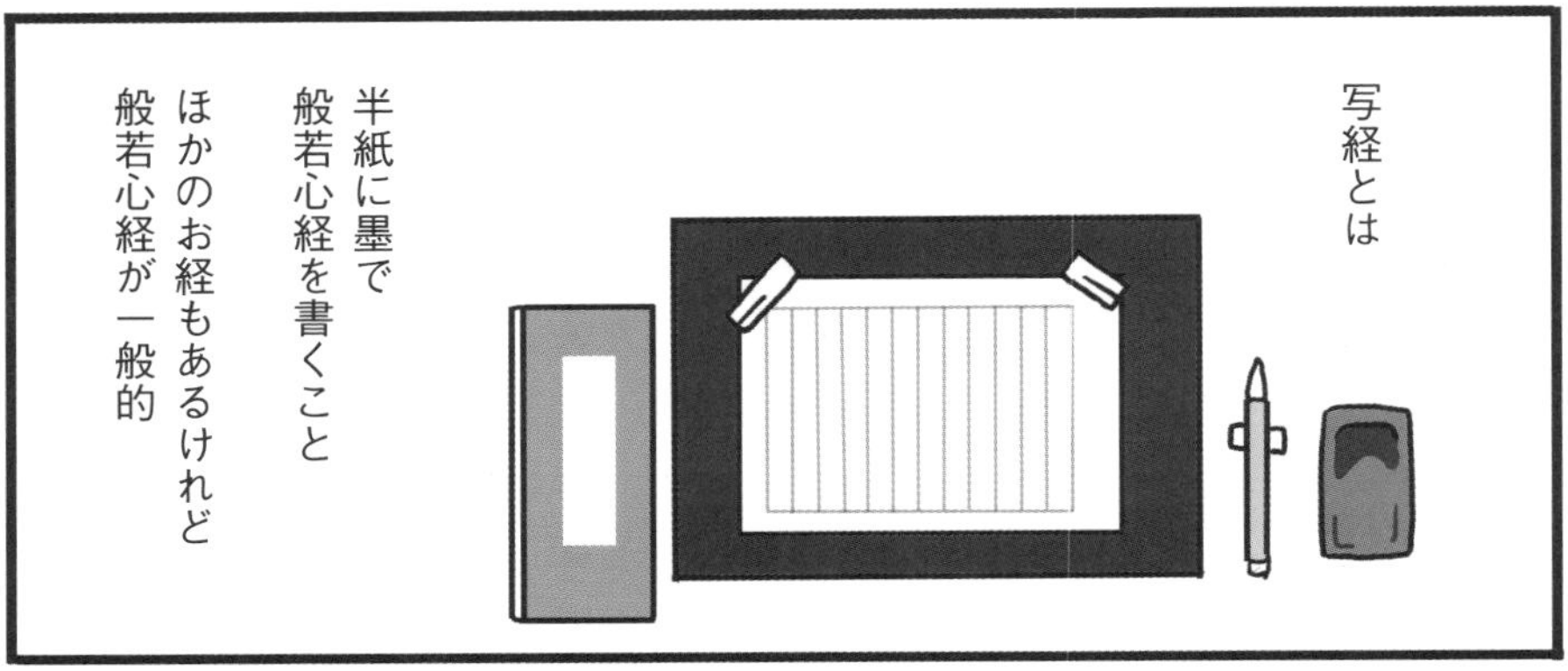
写経とは
半紙に墨で般若心経を書くこと
ほかのお経もあるけれど般若心経が一般的

仏様が大切にしているパワーある般若心経を亡くなった人にプレゼントするのが写経です
摩訶般若波
観自在菩
羅蜜多時
度一切苦
ご先祖様にも最近亡くなった故人にも喜んでもらえます

お経自体にパワーがあることに加えて
一文字一文字供養をする相手を思う気持ちが入るので
質のよいあたたかい供養となります

亡くなった人に心安らかに過ごしてもらいたい成仏界でのレベルアップをお手伝いしたいという思いを亡くなった人に効果があるものとしてプレゼントできるのが写経です
あの世へのプレゼントかぁ
私 最近好きだったアーティストが亡くなってショックで…でも向こうはもちろん私のことは知らないんですけど
供養は届くのでしょうか
ガーン
ショック…
大丈夫です亡くなった人が自分のことを知らなくても生前会ったことがなくても海外の人にもそして 違う宗教の人にも写経はちゃんと届きます

墨のにおい
筆ペンでもよいのですが
書き上がったお経に込められた力がかすかに違います
キンチョー
プルプル
うう さっそく間違えた
でも これは練習だし 適当にごまかして
初心者なので なぞり書きから
間違えた文字は きちんと修正しましょう
文字で表現するお経なのにその文字が違うと般若心経ではなくなります
即是
横に正しい文字を書く
ちゃんと気持ちを集中しないと間違えちゃうな
姿勢を正して
亡くなった人を思い出しながら
一文字 一文字丁寧に
ご供養の気持ち

最後の この為って いうのは なにかな
右為
年 月 日
だれのために なんのために 写経を したのか 書くところです
なるほど じゃあ 名前を
複数人 書いても 大丈夫 ですが
その人数分 で割られて 平等に 届けられる ことに なります
パワーが 小さくなって しまう
供養を 大きく プレゼント したいなら 個人宛て がいいでしょう
できた
うう なんか 汚い…
でも これは 練習だし
ギャー
ボタ
ところで 届けるって どうやって 届けるのかな

書いたものはお寺に持って行き仏様に奉納しましょう
郵送で受け付けてくれることも
奉納できるかどうかは事前に確認して
亡くなった人が死後の世界のどこにいるか把握しているのは仏様
写経の供養は仏様が届けてくれます
あ 探してたらお寺で写経できるところが
お寺で書いたほうが集中できそう
申し込んでみようかな
お寺で書いた場合
書き終えた写経を受付に預けたり指定されている箱の中に入れます
それで奉納したことになります
お願いします

最近
お墓参りに
行けてないし
おじいちゃん
おばあちゃん
にも
贈ろうかな
元気かな
その場合は
為のところは
まとめて
『ご先祖様』
でＯＫ
自分のご先祖に１枚
ただし
家系が違う
ご先祖は別に
したほうがよい
婚家のご先祖に１枚
亡くなって
しまって
悲しくて
なにもできない
ことに
落ち込んで
いたけど
書くことで
自分の
気持ちも
癒えてくる
気がする
心を込めて
書いた写経は
ホカホカと
した波動の
優しく
愛を持った
供養として
亡くなった人を
包み込みます

真言について知る

真言とは
仏様にはその仏様独自の真言（言葉）があります
使える真言を授かる方法は2つ
仏様から授かる
仏像の前に書いてある
お坊さんから授かる
直接教えていただくCDなどでお坊さんが唱えているものを覚える
このどちらかです
授かった真言をお寺で唱えるととても丁寧なご挨拶になります
おんそらそばて
お寺でないところでは真言を唱えることによってその真言が持つパワーを使うことができます
たとえばお不動さんの真言だったら幽霊を寄せつけないので
心霊スポットなどで唱えれば幽霊に取り憑かれないし
金縛りにあったりしたらそれが解けるんだ
うっ金縛りが

覚えられるかな…
え〜と
布袋尊ご真言
そういう場合は「覚えられないので　メモを取らせてください　家で暗記します」って　家で覚える許可を取るといいよ
真言は声を出して唱えるものですが　祝詞や般若心経と違い　暗記をして唱えなければ効果がありません
スゥ
スゥ
暗記かぁ苦手…
覚えられない場合は　そのときは不要なものと考えてもよい
無理に探したり調べるものでなく仏様のお導きを待つものなんですね
そういうこと

般若心経について知る

般若心経とは
オールマイティに使えるお経
神社で神様に唱えても差し支えない
宗教を超えて使えるお経です
この前の護摩祈祷で般若心経ってこんなパワーがあるんだ～って感動しました
般若心経がパワーを持つのは
空海さんや多くの仏様が特別なパワーを入れてるからなんだ
空海さん
仏様は慈悲深いので
仏教徒でなくても仏様のことを大好きで信仰心が厚い人を守りたい
その人が困っているのなら救いたい
そこでこの般若心経が大活躍する

お経自体にパワーがあるのでお坊さんだけでなくだれでも唱えればそのパワーを感じることができるんだよ
悪霊や幽霊などの悪いものから身を守る効果もあるよ
なんかいる…
（ビジネスホテル）
これも声を出して唱えるのがいいんですよね
小声でもいいから声に出して唱えよう
お寺での挨拶ですらすらと唱えられるようになれたらいいな〜
それはお寺にも仏様にも礼儀正しい丁寧な参拝になるな

般若心経《はんにゃしんぎょう》

（摩訶般若波羅蜜多心経《まかはんにゃはらみったしんぎょう》）

ふりがな付きなので、まずは見ながら唱えてみましょう

観自在菩薩《かんじざいぼさつ》　行深般若波羅蜜多時《ぎょうじんはんにゃはらみったじ》　照見五蘊皆空《しょうけんごうんかいくう》

度一切苦厄《どいっさいくやく》　舎利子《しゃりし》　色不異空《しきふいくう》　空不異色《くうふいしき》　色即是空《しきそくぜくう》

空即是色《くうそくぜしき》　受想行識《じゅそうぎょうしき》　亦復如是《やくぶにょぜ》　舎利子《しゃりし》　是諸法空相《ぜしょほうくうそう》

不生不滅《ふしょうふめつ》　不垢不浄《ふくふじょう》　不増不減《ふぞうふげん》　是故空中《ぜこくうちゅう》

無色無受想行識《むしきむじゅそうぎょうしき》　無眼耳鼻舌身意《むげんにびぜっしんい》　無色声香味触法《むしきしょうこうみそくほう》

無眼界《むげんかい》　乃至無意識界《ないしむいしきかい》　無無明《むむみょう》　亦無無明尽《やくむむみょうじん》

乃至無老死《ないしむろうし》　亦無老死尽《やくむろうしじん》　無苦集滅道《むくしゅうめつどう》　無智亦無得《むちやくむとく》
以無所得故《いむしょとくこ》　菩提薩埵《ぼだいさった》　依般若波羅蜜多故《えはんにゃはらみったこ》
心無罣礙《しんむけいげ》　無罣礙故《むけいげこ》　無有恐怖《むうくふ》　遠離一切顛倒夢想《おんりいっさいてんどうむそう》
究竟涅槃《くきょうねはん》　三世諸仏《さんぜしょぶつ》　依般若波羅蜜多故《えはんにゃはらみったこ》
得阿耨多羅三藐三菩提《とくあのくたらさんみゃくさんぼだい》　故知般若波羅蜜多《こちはんにゃはらみった》
是大神呪《ぜだいじんしゅ》　是大明呪《ぜだいみょうしゅ》　是無上呪《ぜむじょうしゅ》　是無等等呪《ぜむとうどうしゅ》
能除一切苦《のうじょいっさいく》　真実不虚《しんじつふこ》　故説般若波羅蜜多呪《こせつはんにゃはらみったしゅ》
即説呪曰《そくせつしゅわつ》　羯諦羯諦《ぎゃていぎゃてい》　波羅羯諦《はらぎゃてい》　波羅僧羯諦《はらそうぎゃてい》
菩提薩婆訶《ぼじそわか》　般若心経《はんにゃしんぎょう》

エピローグ

おみくじ
将来に不安、悩み多けれど
できる限りの努力が
いつの日かの幸福へと
つながる
よし!

あとがき

参拝に慣れていない、行ったことがないので手順などがわからない、と神社やお寺に行くことをためらっている方がおられると思います。これはものすごくもったいないです。

神仏にもらえる多くの恩恵、ご加護を捨てているようなものだからです。そのような方はとりあえず「行く」ところから始めるといいです。

最初は開運目当て、金運アップ目当てでもかまいません。桜井識子がこんなことを書いていたから、本当かどうか確かめに行ってみよう、でもいいのです。神社仏閣は神仏がつくった一種のパワースポットですから、神仏に手を合わせるのではなくパワースポットに行ってみようという意識でもかまいません。とにかく

「行く」ことが大事なのです。

1社、2社……と参拝を重ねていくと、なにかしら自分の感覚で感じられるようになります。ここの神社はすがすがしくて居心地がいいとか、このお寺の観音さんは優しいような気がするとか、見えない世界が少しずつわかってきます。

そのうち願掛けがありえない方法で叶ったりもして、神仏って本当にいるのだな、と実感できます。今はまだ神仏が信じられないという方も、とりあえず神社やお寺に行ってみてはいかがでしょうか。その決意が、のちの人生を大きく好転させることにつながるかもしれません。

桜井識子

桜井 識子 神仏研究家、文筆家

1962年広島県生まれ。霊能者の祖母・審神者の祖父の影響で霊や神仏と深く関わって育つ。神社仏閣を2000か所以上参拝して得た、神様・仏様世界の真理、神社仏閣参拝の恩恵などを広く伝えている。神仏を感知する方法、ご縁・ご加護のもらい方、人生を好転させるアドバイスなどを書籍やブログを通して発信中。『ごりやく歳時記』(幻冬舎)、『100年先も大切にしたい日本の伝えばなし』(KADOKAWA)、『お稲荷さんのすごいひみつ』(ハート出版)、『神様仏様とつながるための基本の「き」』(ともにPHP研究所)、『おみちびき』(宝島社) など著書多数。

桜井識子オフィシャルブログ ～さくら識日記～ https://ameblo.jp/holypurewhite/

森下 えみこ イラストレーター

コミックエッセイのほか、書籍や広告、雑誌などのイラスト、マンガを手がけている。主な著書に『40歳になったことだし』(幻冬舎)、『あしたの、のぞみ』、『えみこ、開運中!』(日本文芸社) などがある。

デザイン 柴田ユウスケ／三上隼人〔soda design〕
校正 大島祐紀子
DTP ビュロー平林

知って開運!

神社仏閣めぐりのコツ

発行日 2024年 1月 1日 初版第1刷発行
2024年12月10日 第2刷発行

著者 桜井識子 森下えみこ

発行者 秋尾弘史

発行所 株式会社 扶桑社
〒105-8070 東京都港区海岸1-2-20 汐留ビルディング

電話 03-5843-8842(編集)
03-5843-8143(メールセンター)
www.fusosha.co.jp

印刷・製本 サンケイ総合印刷株式会社

ISBN978-4-594-09609-0